JN253161

イースター・ブック

改革者の言葉と木版画で読むキリストの生涯

マルティン・ルター

R・ベイントン編／中村妙子訳

新教出版社

THE

MARTIN LUTHER

EASTER BOOK

Translated and Arranged by

Roland H. Bainton

Japanese Translation by Taeko Nakamura
Shinkyo Shuppansha Pub. Co.
(Protestant Publishing Co., Ltd.)
Tokyo, Japan

目次

はしがき――R・H・ベイントン――3
1 エルサレムへの旅と聖週――13
2 聖　餐――44
3 捕縛と裁判――65
4 十字架の刑――90
5 復　活――105
訳者あとがき――127

はしがき

ルターは福音書を主題に多くの説教をしましたが、この本の中には、イエスの受難と復活に関するものにかぎって抜粋されています。

ルターの説教を新しいかたちでよみがえらすことができるでしょうか？　全部というわけにはいかないでしょう。数が多すぎるからです。福音書を主題としたルターの説教をまとめれば、合計約三千ページ、大部の書物五巻に当るでしょう。それにまた説教のあるものはほんの痕跡程度しか残っておらず、歴史家の関心をひくだけでしょう。したがってルターの説教を現代の読者にひろく読まれるようなかたちにするには、抜粋するほかないと思います。ただしその抜粋は、普遍的な要素をもちながら、同時に時代的な特徴を合せもったものでなくてはなりません。

偉大な説教は、時を超えたものを時に結びつけます。それは、その説教が語られた時代への言及をことごとく取り去るだけでべつな時代に移すことができるといったものではありません。ですからわたしはルターの説教のうちから人間をただ人間としてでなく、ドイツ人として見ている文章を選ぶようにこころがけました。貨幣の名称――ヘラー、フローリン、グルデン――なども変えませんでしたし、帝国や、皇帝（カイゼル）への言及、ヴィッテンベルク、エアフルト、ヨアヒムシュタールといった地名も、そのまま残しました。ルターはわたしたちに、かれの説教を真似ることをすすめているのではなく、わたしたち自身の時代について も、かれがかれの時代についてしたようにすることを促しているのです。

ついでながらある文章をべつな時代の言葉に訳すという場合におけるこうした配慮は、ルターばかりでなく、福音書そのものにもあてはまるということを心にとめる必要があります。福音書もずっとむかし、田舎の質朴な社会――種子をまき、刈り入れをし、漁をし、皮をなめし、井戸から水をくむといった、素朴なパレスティナの社会――を背景に書かれたものだったのです。じっさいのところ、ルターの説教の背景は、わたしたちの時代より福音書の背景に近いものでした。

たとえば、山上の説教から、「あなたがたは世の光である」、「あなたがたは地の塩である」という二つの聖句をとってみましょう。前者は、光をただ光ととるかぎり、普遍的です。百万年後にもそのつたえる意味には何の変りもないでしょう。しかし、もしわたしたちがさらに進んで、「あなたがたのうち、ランプを手にする人はだれか?」と読むならば、わたしたちはまだ白熱電球のない時代にいることになります。「あなたがたは地の塩である」も同じです。調味料としての塩は普遍的ですが、防腐剤としての塩はいまでは冷蔵庫によってとってかわられてしまいました。聖句にしろ、ルターの文章にしろ、言葉のふくむ意味を完全につたえようと思うなら、塩がかつてどのように用いられたかをまず、説明しなければなりません。

ルターはかれの時代の文化の外面的な様相において、わたしたちと違うだけではありません。心の状態において、いっそうふかい意味で異なっていました。ルターは超自然的なものにかこまれていたという点で、中世に属していました。当時天国は地上に、いまよりずっと接近していたのです。天使、聖者、悪魔が人間の住まいの近くに出没していました。おとめマリアはイエスを見失ったとき、自分が不注意だったために神は御子を天国に呼びもどし、結局のところ、世界を救わないことになさるだろうと自分を責めた——そうルターは言っていますが、いったい、そんな考えかたをする人が今日のわたしたちのあいだにいるでしょうか？　たしかにルターは、神の御座がボール紙でつくった天国にすえられているかのように安直に考える、子どもっぽい愚かさに抗議しています。しかしその一方、かれは彼自身の子ら、ハンスやマグダレーネの無邪気な心をうらやみ、また自分でも、そうした子どもらしさを多分に備えていました。

けれどもその他の点ではルターは中世の伝統とのつながりをたちきっており、この点、わたしたち現代人に近い位置にいます（わたしたちがかれに近い所に立っているというほうが適切であるかもしれませんが）。ルターは一時さかんであった伝説的な要素を排し、福音書の正典に厳密にのっとった説教をしました。ゴシック文化の時代には、正典同様、外典もしばしば引かれました。たとえば正典ではわたしたちは、博士たちが東の国からきたとしか聞かされておらず、その数とか、地位についてはくわしいことは何も聞いていませんが、初期の教会はかれらを王とし、その数を三人と明言するようになっていました。十世紀になると、画家たちはこの王たちの頭に冠をのせました。バルタザール、カスパル、メルキオール、という名前がつたえられるようになるのはようやく六世紀になってからで、三人のうちの一人が黒人の姿にえがかれたのは十四世紀以後のことでした。そのころになると三人の博士はヨーロッパ、アジア、アフリカの、人類の三人種の代表であると考えられるようになりました。ルターとしては、ほかの人々の信じていることをとやかくいう気はなかったものの、こうした加筆をことごとくしりぞけました。みごもっていることをヨセフに打ち明けたマリアが十四歳だったという外典の記述をのぞいて、おとめマリアに関する伝承をも、ルターはすべてしりぞけているのです。

中世が重んじたアレゴリーにしても、ルターはまったくといっていいほど、取りあげませんでした、かれがよきサマリア人にキリストの姿を見たのは自然でしょうが、水がぶどう酒に変ったというカナの婚宴の奇跡についてルターは中世の伝統のように、水を旧約聖書に、ぶどう酒を新約聖書になぞらえてはいません（ただし水が結婚の苦しみを、ぶどう酒がその喜びを象徴しているというかれ一流のアレゴリーが見られます）。

とはいえ、教会の初期の時代から旧約聖書と新約聖書を密接に結びつけてきたいわゆるタイポロジーを、ルターがしりぞけているわけではないのです。かれもまた歴史を贖罪の交響曲、天地創造からキリストによる不協和音の解決までをふくむ主題のさまざまなヴァリエーションがくりかえし出てくるシンフォニーと見ていることには変りありませんでした。アベルの受難はキリストのそれを予告するものでしたし、犠牲としてささげられる運命に従順に従おうとしたイサクは、キリストの十字架をさきぶれしていました。しかし中世後期の慣習化した彩飾写本や木版本の大ざっぱさはルターには見られません。そうした中世後期の書物においては、福音書の記述の挿絵の両側には、そのさきぶれである旧約聖書の話の絵が添えられていました。キリストの亡骸が墓におろされるところをえがいた絵の一方の側には空井戸にほうりこまれるヨセフの、もう一方の側には鯨に呑まれるヨナの絵がありました。復活の絵の一方の側には鯨の口から出てくるヨナの姿をえがいた絵が添えられていましたが、もう一方の側には井戸から出されるヨセフでなく、地獄の門をこぼつキリストの類型として城門をこわしているサムソンの姿がありました。新約聖書の挿絵として、そうした三枚つづきの絵を添えることが慣習化していたのです。ルターはこのような慣習にとらわれることなく旧約聖書の物語を、目のあたりに見るようなヒューマン・リアリズムをもって扱い、もっぱら人間の経験のふかさのうちに人間に対する神の態度のパターンを見出していたのでした。

同じことが新約聖書についてもいえます。少年イエスを見失ったときのマリアの苦悩をルターはいかにもまざまざと想像しています。神がイエスを天にともない帰られたのではないかとマリアはおそれたとルターは書いていますが、そのようなもってまわった想像も、マリアの強い自責の思いと心をさいなむ不安の印象をうすれさせはしませんでした。ついで苦しみの後の天にものぼる喜び、そして神は人を高く引きあげるにさきだっていったん捨てたまわねばならないというくすしきパラドックス。神の愛と、おのれをまったくむなしくしたもうキリストのあわれみについて、生命の主のいいがたい謙遜、いったん人を撃った後、永遠の生命を人に与え、悪魔を敗北させ、死を呑みこむめぐみについて、ルターはふかく思いをひそめました。彼の文章を読む者もまた、おそれおののくと同時に喜びのときめきをおさえることができません。

この本におさめられている記述はことごとく、福音書に関するルターの説教と講演から取りました。鋭い、印象的な、ふかい意味のこもっているものを選ぶことをこころがけると同時に、四福音書を、またルターの考えを、できるだけ包括的に示すようなものをと考えたつもりです。福音書の記者たちの根本的な主題のすべてがここにおさめられていることはたしかです。終末に関するものがすくないとすれば、ルターの主たる関心がそこになかったからですし、山上の変貌、ガダラの豚、枯れたいちじくの木についての記述がおさめられていないのは、これらについてのルターの説教が、説教者としてのかれの最上の面をあらわすものではなかったからです。驚嘆すべき神のめぐみと人のひたすらな信仰――それこそ、かれがもっとも強調した点であって、この主題はくりかえしあらわれます。すなわち人がもっぱら神のめぐみによって、信仰において救われるということ、努力によって神の恩顧をえようという態度のむなしさ、また罪のゆるしのふしぎさ、罪はたとえゆるされてもすっかりあとをたつことはないから不完全なままに安んじて努力をなげうつことがあってはならないということ――これこそ、ルターのもっとも強調した点でありました。

ルターの説教の多くは論争的な性格をもっており、そうした記述をのせるのは十六世紀の信仰告白をめぐる対立抗争を再燃させることになるおそれがあるからやめたほうがよいのでは――という気がしないでもありません。けれどもそれらをけずれば、ルターという人物の器量の重要な部分が失われることになります。ルターは闘争の渦中に生きていた人でした。二十五年間というもの、かれはつねに火あぶりの刑に処せられる危険にさらされており、時の皇帝がフランス人やトルコ人、また教皇との戦いに忙殺されてヴォルムスの勅令をルターに対して発効させる余裕がなかったために死をまぬがれていたにすぎませんでした。ですからせまき門、小さきむれ、十字架を負うといったルターの言葉には今世紀の苦悩をみずから経験している人々にのみ十分に理解できる、きびしいリアリズムの色合いがあるのです。

ルターの議論はローマ教会ばかりでなく、ときにはかれ自身のむれの中の過激派にもむけられました。ルターに対するかれらの攻撃はまったく予期せぬものだっただけに、かれをいっそう驚愕させました。この本におさめられているルターの説教のうちにはカールシュタットの名が出てきます。ルターがかれを霊感主義者（スピリチュアリスト）と呼んでいるのは、カールシュタットが神的なものとのまじわりに肉体的なもの、感覚的なものはいっさいふさわしくないとし、そうしたまじわりは霊を通じてのみ、与えられるべきものだと考えたからでした。したがってカールシュタットは画像も、教会音楽もしりぞけましたし、聖餐におけるキリストの臨在をも否定しました。このような見解についてルターがどう考えていたか、それは以下の抜粋のうちにあきらかにされています。そうした答のうちの一つについては、ここでふれておく必要があります。ルターは、イエスが受洗なさったときに聖霊が神の小羊であるキリストを宣言しただけでなく、ヨハネもまたかれを指ささなければならなかったといって、このことのうちに自分の見解の裏づけを見出しています。しかし福音書にはヨハネがキリストを指さしたということは、まったく記されていません。ルターは、ヨハネが長い指先でキリストを示しているグリューネヴァルトの絵のような図を思いうかべていたのではないかと思います。

聖餐論は、カトリック教徒に対する場合も、霊感主義者（スピリチュアリスト）に対する場合も大きな論争点でしたから、ルターはおりにふれて、ときには激しく、ときにはやんわりと議論を展開しています。それでこうした議論の場合は、主題ごとにまとめてそのときどきの年を付記しておくことにしました。

もう一人、とくに名前のあがっている人物はトーマス・ミュンツァーです。熱狂的な、はげしい性格のミュンツァーは、選民による不信のやからの殺戮を主張して人々を集めました。ルターはしかし、教職者は、たとえ福音を防御するためであっても、武器を取ってはならない。為政者のみが治安を維持する必要上、武器を取ることをゆるされるのだと考えていました。霊の王国とこの世の王国——という二つの王国の峻別もまた、ルターの説教のうちにたえず出てくる主題です。

この本におさめられている木版画は一時ルターの書記をつとめたファイト・ディートリッヒが一五六二年、*Summaria* の題でフランクフルトで出版した、ルター訳聖書の要約から取ったものです。これらの木版画自体、聖書のこれまでの挿絵と大いにちがうことに注目してください。画家は VS とサインしていますが、これは Virgil Solis の頭文字です。ソリスは一五一四年にニュルンベルクに生れ、一五六二年に四十八歳で没しました。作品があまりたくさんあるので、四十八歳ではなく、もっと後になくなったのではと考えられたくらいです。ドイツの画家人名鑑（*Künstler Lexikon*）には、かれの最良の作品は聖書の挿絵だったと記されています。本書におさめられているのは、もっとも見事な、またドイツ的な特色の濃いものばかりです。デューラーやクラーナハと比較することはできませんが、技量において、想像力において、ソリスはけっして凡手ではありません。

これらのカットの意義は、福音書の挿絵の伝統的な様式とはっきり異なっているところにあります。ルター訳をふくめてそれまでのドイツ語訳聖書は、福音書の場合にはそれぞれの記述者の名の印章が付されているだけでした。しかしソリスはいろいろな出来事を忠実にえがきだしています。

いったい、どうしてこのような変化が生じたのでしょうか？　手がかりは神の言はキリストご自身においてあきらかにされているというルターの見解のうちにある、とわたしはいいたいと思います。聖書は神の言そのものであられるみどりごイエスの眠るかいばおけのようなものにすぎません。季節にかかわりなく、神の御言を宣言している聖句こそが重要なのです。ルター自身、教会暦による説教をしりぞけはしませんでしたが、かれの説教の大部分は、順を追っての聖書講解でした。すべての福音書中、かれはとくにヨハネによる福音書、その中でもイエスの訓話を重んじました。訓話は絵にしにくいものですが、ソリスはこれに挿絵を添えました。さらにいっそう意味ふかいのは、ルターが聖書の登場人物を、衣裳をつけたページェントの登場人物のようにではなく、信仰の神秘をめぐってあるいは苦しみ、あるいは狂喜している生きた人間として扱ったことです。そのような扱いかたは聖書の場景を典礼的な枠から解放するのに力があり、レンブラントの絵におけるようなふかい意味をもつ人物描写への道を開きました。

抜粋するにあたって示唆を与えてくれたのは、エルヴィン・ミュールハウプト編の『ルターの福音書に関する説教　全五巻』です。ミュールハウプトは、ルターのラテン語による説教を現代の高ドイツ語に訳出しました。わたしの訳はヴァイマル版によりましたが、ミュールハウプト訳は大いに参考になりました。

このまえがきをタイプ原稿にしたあとで、ブラウン大学芸術学部のフランソア・ビューカー教授から十三世紀の聖書の挿絵について、イエスの公的宣教の記録には挿絵がごくわずかしか付されていないというマールの意見は大づかみには間違ってはいないが、最近、発見された当時の聖書の福音書には挿絵がたくさん入っており、マールの考えはいささか修正を要することになったと聞きました。こうした新しい資料を考慮にいれると、十五世紀および十六世紀初頭に印刷されたドイツ語訳聖書の福音書になぜ、挿絵があのように極端にすくなかったのか、いっそうふしぎに思われます。このような伝統に対してソリスは革新的な態度を取ったわけですが、それは意識的な抵抗ではありませんでした。もっとも知らず知らず、ずっと以前の伝統に復帰したもののように見えないこともありません。ヨハネによる福音書中のキリストの説話に添えられたかれの挿絵はまったく独創的なものといえましょう。この点についてはっきりした結論を出すのは中世の資料をもっとひろく調べたうえのことだと思います。

最後に、ルターの説教や講演の訳文中に括弧を入れてあるのはわたし自身の注釈もしくは概要だということをおことわりしておきます。

ローランド・H・ベイントン

I　エルサレムへの旅と聖週

天からくだる火（ルカ九・五一―五六）

「主よ、いかがでしょう。かれらを焼き払ってしまうように、天から火をよび求めましょうか」と弟子たちはたずねました。何という質問でしょう！　かれらは、イエスを受けいれない者はただちに地獄に行くと考えたのでしょうか？　イエスに宿を提供しない者を見るとすぐ、「悪魔のところへ行くがいい！」そうきめつけるのですか？　ここを読むと、信心ぶかい者の激怒を冷ますのは、聖霊にとってもなかなかむずかしいということがわかります。キリストはいわれました。「あなたがたが誰の子であるかを思い出しなさい。あなたがたは聖霊の子である。平和の霊の子であって、不和の霊の子ではないはずではないか」と。ゲツセマネの園でペテロがこのことを忘れて行動したとき、キリストは「剣をさやにおさめなさい」とかれを諭されました。「いまは戦いのときではない。苦しみのときだ」。キリストが罵られ、十字架につけられたときにも、聖霊は沈黙していました。わたしたちは柔和な心をもたなくてはなりません。地をつぐのは柔和な人々なのですから。とはいえ、これは真理が攻撃されるときにも黙していろということではありません。悪しき者が御言を罵るときには、人は沈黙してはいられません。語らずにはいられません。けれどもわたしたちはヤコブとヨハネのように、不信の者や暴君に神の復讐の火がくだることを願うべきではありません。それでは殺人者になってしまいます。神ご自身がお忍びになっているのだとしたら、わたしたちに忍べないわけがあるでしょうか？　「あなたがたはわざわいだ、コラジンよ、ベッサイダよ」（ルカ一〇・一三）といわれたとき、キリストははげしい怒りを示されました。けれどもやがて語調をやわらげてかれはこう付け加えたまいました。「天地の主なる父よ。あなたをほめたたえます。これらのことを知恵のある者や賢い者に隠して、幼な子にあらわしてくださいました」（ルカ一〇・二一）。ですからわたしたちもまた、いわなければなりません。「なぜ、わたしはそんなにいきどおるのか？すべては神の御心であるのに」。わたしたちのほうからよけいな干渉をしてはなりません。神はわたしたちの戦いを必要としてはいらっしゃらないのです。わたしたちは地上では苦しむことに甘んじ、復讐を主の手にゆだねるべきです。さもないと悪しき霊にとりつかれてしまうでしょう。

ペテロの告白（マタイ一六・一三―一七）

キリストはペテロにだけ語られたのではなく、使徒たちみんなにいわれたのでした――「あなたがたは、わたしをだれといっているか？」と。「ペテロ、あなたはわたしをだれというか？」といわれたのではありませんでした。キリストはペテロの答を使徒たちみんなの答とお取りになりました。そうでなかったら、一人一人におききになったでしょう。

このことからわたしたちはまた、「あなたはペテロである……わたしはあなたに天国の鍵

を授けよう」という御言も、ペテロだけにいわれたのではないと考えてよいでしょう。この場のペテロがペテロ個人でないということはあきらかです。キリストは「あなたにこのことをあらわしたのは血肉ではない。天にいます父である」といわれました。ですからペテロはペテロ個人ではなく、天の父のあきらかにされたことを聞くすべての者の代表なのです。さらにまたここでキリストに答えているのは、バルヨナ・シモン個人ではなく、血肉ではなく、父なる神の示しに耳をかたむける者すべてです。

キリストは「この岩の上にわたしはわたしの教会を建てよう」といわれました。この岩をもしも教皇と取るなら、どういうことになるでしょう？　使徒たちの教会は教会ではないということになってしまいます。なぜなら十八年間というもの、ペテロはエルサレムで暮し、ローマを見たことがなかったのですから。このことはパウロのガラテヤ人への手紙にあきらかです。その中でパウロは、回心の後、自分は三年間アラビアでくらし、それからエルサレムに行ってペテロに会い、十四年後、ふたたびエルサレムに行ってヤコブ、ヨハネ、ペテロと話しあったといっています。ローマ教会の権力が確立していなかったのだから、その当時エルサレムには教会などなかったなどととほうもないことをいう人がいるでしょうか？　教会はローマ教会の権力の岩の上でなく、ペテロが全教会を代表してあきらかにした信仰の上に立てられているのです。すなわち普遍的な公同教会は、ローマ教会よりずっと前から存在していたのです。

ペテロと鍵（マタイ一六・一八―一九）

キリストはここではっきりと、わたしはペテロに鍵を授けようといっていらっしゃいます。二つの種類の鍵を授けるとおっしゃっているわけではありません。主はあたかもこうおっしゃっているかのようです。「なぜ、わたしの鍵を天に求めるのか？　わたしが鍵を地上に残し、ペテロに授けたということを聞いていないのか？　鍵は天には見出されない。ペテロの口の中にあるのだ。わたしはそこに鍵を残した。ペテロの口こそ、わたしの口だ。かれのつとめはわたしのつとめ、かれの鍵はわたしの鍵だ。わたしにはほかに鍵はない。わたしはまた、ほかの鍵を知らない。その鍵のつなぐものはつながれ、その鍵の解くものは解かれる。ほかのどんな鍵が天に、地に、あるいは地獄にあろうと、わたしには何の関心もない。そうした鍵が何をつなごうと、解こうと、何の関心もない。あなたがたもまた、関心をもつべきではない。それらに迷わされてはならない。ペテロに、すなわち、わたしの鍵に、天にてつなぎ、また解く鍵に、しっかりしがみついていなさい。それ以外の何ものでもなく」。これこそ、鍵について考えるべきこと、語るべきことです。これ以外の解釈は不自然です。

ペテロと税金（マタイ一七・二四―二七）

キリストはペテロにいわれました。「シモン、あなたはどう思うか。この世の王たちは税や貢を誰から取るのか。自分の子らからか。それともほかの人たちからか」。ペテロは答えました。「ほかの人たちからです」。イエスはおっしゃいました。「すると、子らは自由だということになる」。これは政治に対するキリストの態度を示す、一場の楽しい物語です。キリストはまずペテロが取税人からその年の納入金を求められるように計らわれました。キリストは二つの王国――地上の王国と天上の王国――について語る機会があればと願っておられたのです。ペテロがまだ報告をしないうちに主は先手を打ってかれに話しかけられ、地上の王国の王はだれから税金を取るのかとおききになりました。その意味は「わたしはわたしたちが王であり、王の子であることを知っている。わたし自身、王のうちの王だ。したがってわたしたちから税金を取る権利はだれにもない。むしろ、かれらこそ、わたしたちに支払いをなすべきなのだ。してみると、ペテロ、かれらがあなたに、王の子であるあなたに、税金を課するなどということがどうして可能なのだ？　あなたはどう思う？　あなたから税金を取りたてる権利がかれらにあると思うか？」

キリストが一般的な形の質問をなさったので、ペテロも一般的な形であっさり答えました。「王の子でなく、ほかの人たちが払うのです」と。ペテロは、こうしたいいまわしによってキリストがかれを王の子と呼んでおられるのだということに気づきませんでした。このことにおいてわたしたちは、キリストが弟子たちといかに親しく語らいながら歩んでおられたかを知ることができます。イエスはペテロに冗談をいい、幼い子どもにするようにかれをからかっておられるのです。ペテロは単純な、無邪気な人間でした。キリストはその単純さを愛されたのでした。

「幼な子のようにならなければ」（マタイ一八・一―一〇）

弟子たちが、天国ではだれがもっとも偉大であろうかと論じあっていたとき、キリストは彼らのまんなかにやっと歩けるくらいの幼い子どもを立たせたまいました。キリストの教会の柱石である使徒たちに、かれはお示しになったのです――ろくにものもいえぬ子ど

もから学ぶべきだ、幼い子どもに対して敬意をはらうべきだということを。父親の膝の上にのっている子どもを見るとき、あなたはじつは帽子を取って、「先生」と呼びかけなくてはならないのです。「先生、あなたの前にわたしたちは恥じいります」と。わたしたちはみな、幼な子のようにならなくてはならないのです。なぜなら幼な子の心には王侯のそれとはちがって、悪意のかげもないからです。幼な子は主の祈りに耳を傾け、心をさわがすようなことを考えません。幼な子は天国の砂糖をなめることを願い、黄金のりんごの夢を見ます。幼な子は大きなものをおえらがたに任せて、自分は木馬に乗ることで満足しています。死について聞くとき、かれはそれを眠りと考えます。幼な子は平和のうちに成長し、つねに新鮮で健全です。わたしたちもキリストにおいて幼な子のようにならなくてはなりません。わたしたち大人がことごとく幼な子のようになるならば、教皇も、わたし自身も、いいえ、すべての人が、一つ心、一つ思いになることでしょうに。

「わたしの母とはだれのことか。
わたしの兄弟とはだれのことか」（マタイ一二・四八）

〔この聖句の注解においてルターはとくに、神にそむいてまで、だれかに従ってはならないと強調しているのです。〕

司教たち、王侯たち、教皇主義者たちは告白をします。神の言が人に与えられていることを告白するのは、かれらの義務です。けれどもかれらは、教会の権威がそれを命じ、宗教会議が確認するのでなければ有効でないといっているのです。神の口をうち、神に沈黙を強いるなどということを、どうして教会がするようになったのでしょう？　「わたしたちは、それがあなたの御言であることを告白します。けれどもそれは、わたしたちが然りといったときにはじめて発効するのです」――まるでそういっているかのように。裁きの座から神は、かれらに対して何とおっしゃるでしょうか？　「ユンカーたち、教皇たち、司教たち、王侯たちよ、あなたがたはそもそも、それがわたしの言であることを知らなかったのか？」「知っておりました」。そうあなたがたはいうでしょう。「ではなぜ、それを守らなかったのか？　教会が命じなかったからか？　では、あなたたちの教会がわたしの言を支配しているのか？　わたしが口を開くとき、人はわたしの言を当然のこととして受けいれると思っていたのに。もしも全世界がわたしにいいさからうならば、そんな世界は踏みにじられて然るべきだ。召使に命令をくだしたのに、その召使がほかの召使たちに主人の命令を守ったほうがいいかどうか伺いを立てたとしたら、主人はどう考えるだろうか？」

「わたしのもとにきなさい」（マタイ一一・二八）

「わたしのもとにきなさい」というこの言によってキリストは、「何の功績もなしに、自由にわたしのもとにくるがよい。断食その他、よきわざをたずさえてくるにはおよばない。ただ信仰をいだいてわたしのところにくるのだ。めぐみふかい、よき救い主とわたしを仰ぐがよい。何ももってくる必要はない。ただくればいいのだ。そうすればわたしが生かしてあげよう。これはまやかしなどではない。あなたの霊が、地獄に対し、罪に対し、死に対して雄々しく立ちむかえるようにしてあげよう。あなた自身、そうした力を感じるだろう。いま、あなたの良心はあなたを責めている。あなたは意気消沈し、くじけ、みじめで、貧しく、おそれ、かつ悩んでいる。あなたに助言を、慰めを、助けを与えてくれる者はいない。罪に対する神の怒りはおそろしい。神の義の前に、天地は身を屈しなければならない。わたしによらないかぎり、神の前に義と認められる者はいない。だからわたしのもとにくるがよい。自分が情ないほど悪い生活をしていることを告白しなさい。そのような生徒をこそ、わたしは求めているのだ。そのような人々をこそ、わたしは招くのだ。わたしは健康な者には用がない。わたしの王国は病院だ。わたしは病人をいやす医者なのだ。わたしの病院にふさわしい患者は、自分が病んでいることを知っている者、罪の圧迫を感じている者、わたしから健康と慰めをえようと願っている者、わたしがかならず彼を助けると信じている者である。そういう人こそ、わたしが喜びを与えようとしている人である。わたしは人が二度と死なないように彼を生かす。だからだれでも健康を、平和な良心を、おだやかな心をえたいと願う者は、あたふたすることなくわたしのもとにくるがよい」。

キリストはまたいわれます。「わたしのくびきを負いなさい」と。それだから人はキリストのもとに馳せさんじないのです。キリストが、老いたるろばにくびきをかけたもうからです。くびきとは、十字架を意味します。キリストはろばの首に重い荷を結びつけます。けれどもキリストはまたいわれるのです。「気落ちすることはない。わたしのくびきをつけるがいい。そうすれば、わたしはあなたを悩みの中から助けだしてあげよう。わたしがあなたの魂からくびきの重さを引き取り、よきわざと良心の痛みを取りさってあげる。だからたとえ老いたるろばの皮膚が、いっときひりひり痛もうとも忍耐するがいい。あなたを生かすためには、ろばを殺さなければならないのだから。わたしの王国に入るものは古きアダムの欲望について死に、信仰の成長をとおして霊においてあらたにされなければならない」。

「ふたり、または三人が、わたしの名によって集まっている所には、わたしもその中にいるのである」（マタイ一八・一八―二〇）

わたしが悩んでいるとき、悲しんでいるとき、苦しんでいるとき、落胆しているとき、隣人や兄弟がわたしのもとをおとずれるなら、わたしはかれの慰めの言葉に神が天におい て同意してくださることを信じて、かれに心のうちを訴えるでしょう。同じ理由によって、わたしも他人を慰めてこういうべきです。「友よ、兄弟よ、なぜ、いつまでも悩むのですか？　あなたが悲しみにうちひしがれることは神の御心ではありません。神はあなたが失望に沈むために御子をつかわされ、死の手にわたされたのではありません。あなたが心楽しくくらせるように御子を送ってくださったのです。ですから喜ばしい思いに満たされ、慰めをお受けなさい。あかるい心で生活することによって、あなたは神に奉仕をなし、神をお喜ばせするのです」。こういってひざまずき、友と、あるいは兄弟とともに、主の祈りをささげなさい。その祈りの声はきっと天に届くでしょう。キリストはいわれました。「ふたり、また三人が、わたしの名によって集まっている所には、わたしもその中にいるのである」と。キリストは「わたしにはあなたがたが見える。あなたがたの祈りが聞こえる。だからわたしはあなたがたの所に行こう」とはいわれませんでした。「わたしはすでにあなたがたのあいだにいる」――そうおっしゃっているのです。それゆえ、あなたががわたしを慰めるとき、わたしがあなたがたを慰めるとき、またわたしたちが慰めあうことによって、たがいの徳を立て、たがいに祝福を受けるとき、あなたがたはわたしの言葉を、わたしはあなたがたの言葉を信じて、天にいます父なる神はかならずわたしたちの求めるもの、わたしたちに欠けているものをくださることを確信しなければなりません。

ザアカイ（ルカ一九・一―一〇）

ザアカイはキリストがかれの家に入ってくださることをなかば願い、なかばおそれていました。おそれていたことは、かれがキリストが通りすぎるところを見ようと桑の木の上にのぼっていたことからわかります。かれはキリストを自分の家に招待する勇気がありませんでした。そんな資格はないと思っていたからです。キリストを一目見るだけでいい、認めてもらわないでもいい、そう思っていたことでしょう。それでいてザアカイは本心では、キリストに自分の家にきていただきたいと思っていたのです。それは、ザアカイがキリストを喜んで迎えたことからあきらかです。喜びは、それにさきだって愛と憧れが存在していたというしるしなのですから。もしも誰かがザアカイに、キリストにきていただきたいと思うかときいたら、かれは答えたでしょう。「そんなことを求めたり、願ったりする勇気は、わたしにはありません」と。ここには、人間のはかり知ることができないほどのふかい思いがあります。ザアカイの心の真はいかにもふかく秘められ、その願いは覆い隠されていて、そんな願いが、真が、心のうちにあろうとは自分でも知らなかったのです。

そうした願いが自分のうちにあるという喜びさえ、ザアカイは知りませんでした。

エルサレムの包囲（ルカ二一・二〇）

わたしはヴィッテンベルクの要塞化に反対します。主が弟子たちに与えられた助言こそ、もっともすぐれたものだと思います。主はいわれました。「エルサレムが軍隊に包囲されるのを見たならば、そのときは……逃げよ」。弟子たちはそのとおりにしました。戦いに勝っても負けても、わたしたちは滅びるほかないのです。兵隊たちが町に入ってきて勝手気儘な振舞をするとき、わたしはかれらに頼ることによって自分自身の安全を確保しようとは思いません。かれらがくれれば、わたしたち説教者はかれらの気に入るような説教をしなければならないでしょう。そうしなければ飢えるほかないでしょうから。かれらはまた、わたしたちの婦女子によって欲望を満たそうとするでしょう。台所も、地下の貯蔵庫も、かれらにあけわたさねばならなくなるでしょう。王侯の地位だって安泰ではありますまい。だからわたしは、この町にとどまりたいとは思わないのです。そんな状態で生きながらえるよりは、むしろ敵の手にかかって死にたいと思います。トルコ人に対して町を守るために駐屯した兵隊たちからウィーン市民がどんな目にあったか、思い出してごらんなさい。かれらのしたことは、トルコ人よりもっとひどいものでした。掠奪する軍隊ほど、抑えの利かないものはありません。だからわたしはヴィッテンベルクの要塞化や軍隊の駐屯に賛成できないのです。キリストは弟子たちに「逃れよ」といわれました。わたしも「逃れよ」といいます。もしもわたしたちが神の摂理のおこなわれるときを知っていれば、心の平和をえるでしょうが、そのときを知らないわたしたちは説教者を追い出すのです。昼の光を用いようとしないわたしたちは、夜の闇の中にえんえんと燃えさかる炎を見ることになるでしょう。たとえ城壁が天のように高く建てられ、門の扉が教会の壁のように厚いと

しても、わたしはここにとどまりたくありません。そんなものは何の役にも立たないと思うからです。平和の君でありたもうキリストがいらっしゃらないなら、外敵が何もしなくても、町は、内も外も荒廃してしまうでしょう。

全世界が炎に燃やしつくされてしまったとき、わたしたちの魂はどこに安らぎを見出すでしょうか？　友よ、あなたが眠っているとき、自分の体の外で何が起っているかを知らないとき、あなた自身はどこにいますか？　人間の魂を御手のうちに保ってくださることが、神におできにならないと思うのですか？　羊飼いが羊のためにもうける囲いのようなものを、神が人間の魂のために用意していらっしゃらないはずがあるでしょうか？　あなたにとっては、魂が神の御手のうちにあるということを知っているだけで十分です。それがいかにして可能なのか、理解できないからといって悩むにはあたりません。主はいわれました。「父よ、わたしの霊を御手に委ねます」。主の御言により頼みましょう。

マリアとマルタ（ルカ一〇・三八—四二）

まずこの物語を、語られているとおりに単純に受けとめましょう。つねに物事を単純に理解しようとすること——それはすばらしいことです。これはイエスがある家をおたずねになったときの話です。この村にはたくさんの人が住んでいましたが、主をお招きしたのはマルタだけでした。さて、マルタにはマリアという妹がいました。二人は仕事を分担していました。マルタは食事づくりをし、水を運び、食器を洗いました。福音書には、この日はマルタがひとりでそうした仕事をしていたと書いてあります。キリストにはべつなたぐいの仕事がありました。キリストはすわって御言を説き、妹のマリアは主の足もとにすわって主の御言に耳を傾けました。主はマルタが何をしているか、気になさいませんでした。マルタは主に不平をいい、自分を手伝うようにマリアにいってくださいといいました。「わたしはこのとおり、忙しさにてんてこ舞いをし、あちこち走りまわり、食器を洗い、後かたづけをしております。人はめいめい役目をはたさねばならないというわたしの考えは間違っているでしょうか?」神はわたしたちの考えなどは気になさいません。イエスがマルタをお叱りになったのはマルタが忙しく働いたからではなく、忙しさに心を乱していたからです。「マルタよ、マルタよ、あなたは多くのことに心を配って思いわずらっている。なくてならぬものは一つだけである」。たぶんキリストはこうおっしゃりたかったのでしょう。「あなたは心労に心を奪われている。わたしは、何ごとも思いわずらうべきではないと説いてきた。それに、御言がのべつたえられるときには、ほかのことは中断されねばならない。それればかりではない。わたしたちは、妻も、子も、父も、母も、友人も、敵も、名誉も、財産も捨てて御言にのみ、よりすがらねばならないのだ」。わかりますか?マルタの意図はよいものでした。しかし主はマルタを叱責なさったのです。けれどもその叱責はものやわらかでした。福音書についてすばらしいのは、その点です。神はなすべきことをしていないわたしたちをやさしく叱る、したわしい人の姿にえがかれているのです。

しゅろの日曜日（マタイ二一・一―九）

「見よ、あなたがたの王がおいでになる。柔和なおかたで、ろばに乗って」

キリストをごらんなさい。かれは戦場におもむくように駿馬にまたがってこられたのではありませんでした。威風あたりをはらうような様子で、力にあふれてこられたのでなく、荷をになって人のために労するろばの背にすわってこられたのです。このことからわたしたちはキリストが人をおびやかすため、追い使うため、圧迫するためでなく、助けるために、わたしたちの荷を負ってくださるためにこられたのだということを知るのです。聖書のもう少し先の方に、主がオリヴ山からおりていらっしゃったときのことが書かれています。オリヴの木の葉は、人の痛みを和らげるものの象徴です。キリストのエルサレム入城は武器を打ち合せる音や、戦いの雄叫(おたけ)びでなく、ほめ歌と喜びによって、神をたたえる声によって迎えられたのです。

「あなたの主がおいでになる」

主はこられます。あなたが主を求めるのでなく、主があなたをお求めになるのです。あなたが主を見出すのでなく、主があなたを見出してくださるのです。説教者たちは主のもとからくるのです——あなたからではなく。かれらの教えも、主からくるのです。——あなたからではなく。あなたの信仰もあなたからでなく、主からきます。

主は心ひくくいましたまいます。このことがわたしたちを、信仰から愛の至高の手本へと導きます。キリストはあなたに信仰を、そのすべてのめぐみとともにお与えくださいます。あなたはあなたの隣人に愛を、そのすべてのめぐみとともに提供しなくてはなりません。こういうとあなたは、隣人のためになすべきよきわざとは何かと問うかもしれません。そうしたよきわざには、これという名前はないのです。ちょうどキリストがあなたのためにしてくださったよきわざに名前がないように、あなたが隣人のためにするよきわざの一つ一つにも、名前はないのです。ではそれらを見分けるのにはどうすればよいのでしょう

か？　よきわざに名前がないのはよきわざが分けられ、あるよきわざが区別され、他方べつなよきわざがなされずに終わることがないようになのです。むしろ、あなたは隣人にまったく身をささげなければなりません。ちょうどキリストがあなたのための愛の行為を祈りと断食にかぎられなかったように。キリストはあなたのために、まったく身をささげてくださいました――祈りと断食に行為をかぎらず。キリストはあなたのためにあらゆるわざ、あらゆる苦しみをしてくださったのです。キリストのものであなたのものとなっていないもの、キリストがなさったことであなたのためになさったものでない行為が一つもないように。ですから施しをするとか、祈るとかいった個々のことがよきわざなのではないのです。あなたはあなた自身を残りなく隣人のためにささげなくてはなりません。あなたは隣人が必要としているもの、あなたに提供できるものを、施しにおいて、祈りにおいて、断食において、助言において、慰めにおいて、教えにおいて、訴えかけにおいて、叱責において、ゆるしにおいて、衣服において、食物において、またかれのために苦しむこと、死ぬことにおいて、提供しなければなりません。けれどもそのようなまったきよきわざが、キリスト教世界のどこに見出されるでしょうか？

　全世界にひびく雷（いかづち）のような声でわたしは、〝よきわざ〟という表現を糾弾したいと思います。それが心から、また理性から、耳から、書物から根だやしにされるか、そうでなければ正しい意味で理解されるように。よきわざが〝よい〟とされるのは、それが相手の助けになるから、それが相手に益をなすからです。高価な衣服を着たり、りっぱな邸を建てることが益をなすでしょうか？　教会を金銀で飾り、石や木の像を置くことが益をなすでしょうか？　すべての村落がエルフルトのものと同じくらい大きな鐘を十ずつもっていたところで、何の役に立つでしょう？

宮潔め（ヨハネ二・一三―一六）

ヨハネによる福音書の中で、宮潔めの記述はキリストの受洗に関する記述のすぐ後に出てきます。けれどもマタイによる福音書においては、それはしゅろの日曜日のエルサレム入りの後に記されています。この食いちがいにどう決着をつけるか、それは重要なことではありません。ヨハネはキリストの行為よりも言に関心があったので、イエスの宣教のはじめから過越の祭までの中間の事柄をすべてとばしてしまったとも考えられます。いずれにしろ、それは重要ではありません。ヨハネの福音書とマタイの福音書がうまくおりあわなければ、そうした矛盾を忘れてしまうことです。そのために永遠の滅びに定められることはないでしょうから。

宮潔めは、そんなことよりずっと重大な問題を提起します。私人であって為政者でないキリストが、ここでは為政者のように行動なさっているという点で。予言者は、メシアは「その口のむちをもって国を撃つ」（イザヤ一一・四）と書いています。これは剣は為政者に属するから、メシアが、キリストが、剣を手に取ってふるうべきではないということです。むしろ、キリストの剣は口から出るものでなければならないのです。口の剣とは神の言にほかなりません。しかしキリストの王国が口の剣にかぎられるとすれば、なぜ、キリストは拳をふるって宮潔めをなさったのでしょうか？　それは、キリストが割礼をお受けになったことと同様、旧約聖書への譲歩だったのだとわたしは考えます。ときとしてキリストはモーセの律法に従い、ときとしてこれをしりぞけたまいました。ときには安息日の律法を守り、ときにはこれをやぶられました。しかし新約聖書においては、二つの領域ははっきり区別されています。わたしは牧師として霊のむちを口にもっています。あなたは為政者として皮のむちを手にもっています。わたしがあなたに、罰をくだす方法を教えることもないでしょう。そんなことをするのは、自分自身の領域を超えることです。

「あなたがたは心を騒がせないがよい」(ヨハネ一四・一—一四)

主イエスはなんと暖かく、誠実に、親しく弟子たちに語りかけておられることでしょう！　受難の道、十字架の道を歩むために弟子たちから離れさろうとしておられたその夜、危険と、不安と、おそれのうちにかれらを残すにさきだって、主はこのような慰めにみちた言を語られました。イエスがともにおられたあいだは、弟子たちは確信にみたされていました。イエスは、これからは万事ちがうだろうとおっしゃっているのです。あなたたちの心には恐れと狼狽がみなぎるだろう。わたしはやがて破廉恥な、むごい形で殺されようとしているのだ。ここにいるのは、死人をよみがえらせ、宮を潔めたキリストではない。情容赦もなくふみにじられる、弱い人間だ。こう聞かされて弟子たちの心は不安にこおりついたようになって、ただ苦しげに叫ぶばかりでした。「われわれはどこにいったらよいのでしょう？　あの方はわたしたちの慰めでした。防壁でした。あの方がいなくなってしまうなんて。わたしたちを保護してくれる人はいません。わたしたちの敵は強く、大きな権力をもっています。わたしたちはこの世から見捨てられているのです」。それだから、キリストはこれらの慰めの言葉を語られたのでした。前もってかれらに、やがて降りかかるであろう恐怖を示し、しかもなお自分の言葉を思い出して、勇気を失わないようにしなさいと力づけるために。

もしもあなたがたが使徒たちのように、聖者たちのように、キリストに従う者になろうと思うなら、心に武装をしなさい。いつの日か、自分の心がおののき震えることがあるだろうと予期していなさい。この主の言は、すべてのクリスチャンに語られているのです。かれらの現在の安泰な状態が長くは続かないということをさとらせるために。今日という日が無事でも、明日はまたべつでしょう。悪魔は心の中に槍を投げこむことができます。苦しみがいつあなたがたを襲わないともかぎりません。そのときにあなたがたがしっかり武装しているように、神の御言から慰めをひきだすように。

この御言からわたしたちは、キリストがどんなおかたであるかを知るのです。キリストは恐れと悲しみを取りさって、かわりに軽やかな心としみ一つない良心を与えようときたりたもうたおかたです。だからキリストは慰め手を、聖霊をつかわそうと弟子たちに約束なさったのです。とすればクリスチャンは、一見多くの苦しみ、痛みにさらされているように見えますが、その心は慰められ、喜びにみちみちて神に向かっているのです。どんな不幸がわたしたちに襲いかかろうとも、たとい疫病、戦争、高物価、貧困、迫害があり、理性をうち、心を打ちひしぐ暗い妄想が襲いかかろうとも、わたしたちはこれらすべてがキリストからきたものであって、キリストの形と名を装ってやってくる悪魔に対してわたしたちを守ってくれるものなのだと思い定めることができるのです。

神を信じ、またわたしを信じなさい（ヨハネ一四・一）

宗教会議を支配し、信仰箇条を定め、教皇の命令を出すのは聖霊である——これまではそう信じられてきました。しかしこれは聖霊に対するゆゆしい冒瀆です。これは聖霊を、心に書き記された、生きた原理でなく、死んだ律法とするものです。聖霊は天からくだって人の心にみちあふれ、人の舌を炎のように燃やし、その結果、人は何ものもおそれなくなるのです。

神の宮（ヨハネ一四・二三）

聖霊がわたしたちとともに住んでくださるというのは、何ものにもまさる慰めです。神がいましたもうところには、神の宮もあるのです。神の宮とは、神が語りたまい、働きたもうところ、神が見出されるところです。真のクリスチャンは聖霊とともに住んでいます。このこと以上にとうといものはありません。黄金の宮をもつとはどんなことでしょう？わたしたちは、トルコ人がわたしたちの宮や祭壇を破壊すれば激怒するでしょう。しかしわたしたちは、自分の手で神の真の宮を破壊しているのです。人の建てた宮を剣をもって防衛しようとやっきになりながら、神によって建てられた宮である人間自身を破壊しています。

「神はこの世を愛して下さった」（ヨハネ三・一六）

これはおどろくべき言です。神はいまわしい敵としてこの世をいきどおり、それを一掃するあらゆる理由がおありです。けれども人を愛する愛において神の愛より強い愛はなく、一方この世より度しがたい、悪しき者はいません。この世を愛し、その幸いを願うということは、わたしにはとうてい不可能です。もしもわたしが神であったなら、わたしはこの世に地獄の火を送るでしょう。けれども神は怒りのうちにこの世を滅ぼすかわりに御子をたもうほどにいいがたい、あふれるほどの愛をもってこの世を愛して下さっているのです。わたしは、このとほうもない容認にあらわれている、ふかい愛をきわめかねます。この愛はモーセが（燃えるしばにおいて）見た火よりも、地獄の火よりも、大いなる炎です。神がそれほどにこの世を愛してくださるのに、誰が望みを失うでしょうか？

「神はそのひとり子を賜わったほどに、この世を愛して下さった。それは御子を信じる者がひとりも滅びないで、永遠の命を得るためである」

この聖句はいかにも単純ですが、同時にきわめて大きな力をもっています。それは天よりも、太陽よりも大いなるものです。神がわたしたちに公領を、あるいは王国をさしだしてくださったとしたら、わたしたちは「とんでもないことです。神がわたしに王国をくださるなんて、そんなことがあるわけはない」というでしょう。わたしたちは自分に二十グルデンの値打ちもないことを知っています。神にくらべるとき、人間はいかにも取るに足らないものだからです。けれども、神はもっと途方もないことを考えていらっしゃいます。人間の首を絞め、おそれさせ、悩ますかわりに、神は生命を、永遠の生命を与えてくださるのです。生命を、地上のほかのおくりものとくらべてごらんなさい。フランス一国とでも、生命を取りかえる人がいるでしょうか? たとい全世界をあげようといわれても、生命と取りかえる人はいないでしょう。神はこの世のあらゆる宝よりとうとい生命、永遠の生命を、わたしたちに与えようとしていらっしゃるのです。なぜでしょう? 神はそれほど、この世を愛していらっしゃるのです。「ひとり子を賜わるほどに」——これはおどろくべき言です。

神の賜物は言葉にいいつくしがたいものです。神は何をわたしたちに与えようとしていらっしゃるのでしょうか? 一人子をくださろうというのです。これはグロッシェンを、片目を、馬を、牛を、王国をおくるというのとはちがいます。太陽や星の輝く空を、あるいは全創造物をおくるというのともちがいます。これはわたしたちの心に光をそそぎ、炎を燃えたたせるような言です。喜びにおどらずにはいられないような言です。神が御子をくださったということは、神が何一つ手もとにとどめず、ご自身を残りなく与えてくださったということです。

パウロはいいました。「すべては、あなたがたのものなのである。パウロも、アポロも、ケパも、世界も、生も、死も、現在のものも、将来のものも、ことごとく、あなたがたのものである。そして、あなたがたはキリストのもの、キリストは神のものである」（Iコリント三・二一—二三）。

この宝は褒美として与えられるのではありません。おくりものです。それはあなたたちのもの、あなたはただそれを受けるだけでよいのです。与えられるのは城ではありません。神の御子です。ただあなたの手をさしだしてかれを受けいれるだけでよいのです。しかし世界は悪魔にとりつかれているので、ただ受けるだけの者になるということを好みません。この世をゆるすためには、神は大いなるゆるし手となりたまわねばならないでしょう。この世は神を罵るのですから。神がご自身を、与えようとなさっているのに、いったいなぜ、この世は神をそれほど憎むのでしょう？　このわたし自身が何をしたか、思い出してみて下さい。十五年間にわたって、わたしはミサをとなえ、キリストを十字架につけ、修道院で偶像礼拝にたずさわってきましたが、神はそんなわたしに御子をさしだし、わたしのすべての罪をゆるしてくださいました。ああ、主なる神よ、わたしたちはただ喜ぶべきではないでしょうか？　そのような宝をくださった神に対してただ喜んで仕えるだけではなく、死の苦しみのうちにも笑うべきではないでしょうか？　もしもこの愛を信ずるなら、喜んで火あぶりになるべきではないでしょうか？

「わたしの平安をあなたがたに与える」（ヨハネ一四・二七）

あなたが苦しみのさなかにあるとき、キリストはいわれます。「わたしはあなたがいまのいま、パラダイスにいるように感じさせてあげよう。戦いのさなかにあって平安を、死において生を与えよう」と。

「慰め主が……くだるとき」(ヨハネ一五・二六)

「わたしはあなたがたに慰め主をおくろう」とキリストはいわれました。わたしたちがくじけないようにそういってくださったのです。わたしの罪が、死のおそれがわたしをおびえさせるとき、慰め主はわたしの心にふれていわれるのです。「恥ずかしいとは思わないか! さあ、もう一度、立ちあがりなさい」と。慰め主はわたしたちに新しい霊を吹きかけ、したしく、はげますように語りかけてくださいます。たといわたしたちが十たび死を迎えようとも、けっしてひるむにはおよばないと。「むしろいいなさい。『わたしは罪をおかしたが、生きながらえてきた。わたしを呑みこんでしまうほどの数多くの罪をいまだにもっていようとも、わたしは傷つけられないだろう』と」。これはもちろん、罪を感じるべきではないという意味ではありません。わたしたちの肉は自分の罪を感じる必要があります。けれども霊は罪に打ち勝ち、恐れと絶望をくじくのです。もしも創造主がわたしたちの味方なら、創造されたものがわたしたちにどんな害を加えることができるでしょうか?

あなたがたもあかしをするのである(ヨハネ一五・二七)

信ずるだけでは十分ではありません。わたしたちはあかしをしなければなりません。けれども、あかしをすることは、わたしたちの力にあまることをも認めなければなりません。

主はその理由をつぎのように述べておられます。「人々はあなたがたを会堂から追い出すであろう」（ヨハネ一六・二）。あかしびととなり、キリストについて多くを語りたいと望むならば、あなたは敵を見出すでしょう。ルシファーとその配下の天使たちが、羊に襲いかかる狼のように、たちまちあなたがたに襲いかかるでしょう。あなたが他の人のためにランプをともすとき、悪魔は激怒します。あなたがひとりで信じているだけなら悪魔は我慢していますが、あなたがほかの人のために明りをともすとき、あなたは死の危険にさらされるでしょう。わたしたちはそれを経験によって知っています。それはキリストの御言を成就するものです。「あなたがたを殺す者がみな、それによって自分は神に仕えているのだと思う時がくるであろう」（ヨハネ一六・二）。

わたしに問うこと（ヨハネ一六・二三）

これははなはだしい苦しみの中でも祈れというすすめです。苦しみがないところには祈りもありません。たとえあっても、それはよわよわしい、気乗りのしないもので、そこには力も、生命もないでしょう。したがって苦しみは必要なのです。試みにあうのは、家を所有するよりずっとすばらしいことです。世界中の富も、きびしい試練とはくらべものになりません。試みがないところでは、わたしたちは自己満足におちいり、神をたずね求めないからです。苦しみのさなかにあるとき、わたしたちは二つの祈りをします。一つは、言葉にはいいあらわせぬような祈り、パウロがいっている「言葉にあらわせない、切なるうめき」です（ローマ八・二六）。この祈りはけっしてやむことがありません。これを知っているのはそうしたうめき声をあげる人だけで、その本人も十分には痛みのふかさを知りません。たとえば、福音のために牢獄に投じられ、火あぶりになろうとしているときには、人はそんなはげしい祈りがこの世にあろうとは知らなかったほど激しく祈るでしょう。そうした力強い祈りを口にすること、書き記すことは、誰にもできないと思います。第二の種類の祈りは口に出すことのできる祈りです。詩篇を開いてそこに慰めを見出す人のように。何という喜びをその人は味わうことでしょう！　そのような人の心のうちには純粋の謙遜と敵に対する同情があります。

主はそのような祈りをなす人々を慰めてくださるでしょう。苦しみを知っている者でなければ祈ることはできません。大いなる宝、すなわち聖なる十字架を欠くとき、祈りは何の役にも立たないのです。

「わたしは自分の羊を知っている」（ヨハネ一〇・一一―一八）

キリストがわたしたちを羊とよんでいらっしゃるのは、わたしたちにとって大きな慰めでなければなりません。人は黄金を、財産を、健康を、そのほか自分のものと考えていたものを失うことがあるでしょう。そのとき、人は狼に襲われるという危険にもろにさらされている羊、自分を守ってくれる羊飼のいない羊のように自分を感じるでしょう。そんなときにはキリストがわたしたちを愛してくださっているとはとても思えないでしょう。生においても、死においても、何の助けもないと感じられるそんなときにも、わたしたちはキリストの口笛の音を聞き、キリストを知ることを学ばねばなりません。「わたしはあなたの羊飼であり、あなたはわたしの羊である。あなたがわたしの声を聞くからである。そのようにしてあなたはわたしを知り、わたしはあなたを知る」。この知識は信仰によるのです。

2　聖　餐

しるし〔一五二〇〕

神はしばしば御言(みことば)とともにしるしをお与えになりました。いっそう頼むに足る保証として、また信ずる者の信仰をいっそう強めるために。ノアはしるしとして虹を与えられました。アブラハムにとっては割礼が、ギデオンにとっては羊の毛の上においた露がそうしたしるしでした。これは、遺言状をつくるさいのことを考えればわかります。遺言状の法的有効性、信用性を示すものとして、法律的な文言ばかりでなく公証人の印があるように、キリストも約束をなさるにあたって御言にしるしをお添えになりました。すなわちパンとぶどう酒に象徴されるご自身の血と肉です。

さわってはならない護符ではなく〔一五二二〕

クリスチャンは神の言以上に神聖なものがこの地上にないことを知るべきです。聖餐そのものも神の御言によって祝福され、聖められているのであって、それによってわたしたち人間は霊においてあらたに生まれ、聖別されて、キリストのものとなるのです。ですから

もしもクリスチャンが、口で、耳で、心で、また全身で御言に——すべてのものを聖める御言、聖餐そのものの上に位する御言によりすがっているとすれば、御言をとおして聖められているパンやぶどう酒に手でふれることがどうしていけないのでしょう？　それがいけないなら、人が自分の体にさわることもいけないということになってしまいます。なぜなら人の体もパンやぶどう酒同様に、聖められているのですから。クリスチャンは肉体においても、霊においても聖いのです。教職者であろうと、世俗の人であろうと、男だろうと、女だろうと。それを否定することは洗礼を、キリストの血を、聖霊のめぐみを冒瀆することです。クリスチャンは大いなる者、稀有な者なのであって、神は聖餐以上にその人を心にかけていてくださいます。なぜならクリスチャンが聖餐のためにつくられたのでなく、聖餐がかれのために定められたのですから。ところが愚かな人々は、人が聖餐のパンとぶどう酒にふれることは正しいかどうかと議論したがり、異端だとか何だとかいいたてたがります。真のクリスチャンとは何であるかを知らない、かたくなな、愚かな人々よ。どうか、神がかれらからわたしたちを救いたまわんことを。

内なる、強制されない聖餐〔一五二二〕

〔ローマ教会の考えに反対して、ルターはつねに聖餐の内面性を強調してきました。〕

聖餐に外的にあずかることと、内的にあずかることとは、注意ぶかく区別されねばなりません。パンとぶどう酒を口にすることは外的なことで、信仰と愛がなくても可能です。パンとぶどう酒を口にすることがすなわちクリスチャンであるなら、鼠もクリスチャンといえるかもしれません。鼠もパンをかじり、ぶどう酒をなめることができるからです。パンとぶどう酒を内的に、霊的に、真に受けいれるということはこれとはまったくことなるもので、聖餐の用いかたとその果実とから成り、それは信仰によるのです。

けれどもすべての人がこの信仰をもっているわけではありません。それゆえ、この聖餐から法令がつくられるようなことがあってはならないのです。教皇はすべての人がイースターのミサに出席すべきだ、さもないとクリスチャンとして埋葬されないという愚かしい布告を出していますが、何というばかげた命令でしょうか！　わたしたち人間はそれぞれに異なっていますし、すべての人が同じ信仰をもっているわけではありません。ある人は他の人より強い信仰をもっています。それゆえ、一般的な布告などというものはありえないのです。イースターにおいて人のおかしうるもっともゆゆしい罪は、聖餐へのふさわしくない参加という罪です。すべてはこの非キリスト教的な布告のせいなのです。それは、人をむりやり聖餐に参加させることを目的としています。なぜ、そんな布告を出すのでしょうか？　それは教皇が、人の心の奥までのぞいて信仰のあるなしを知ることができないからです。神があなたの味方であり、あなたのために血を流してくださったと信ずるなら、もしも神が「恐れずわたしに従いなさい。何ものがあなたに危害を加えるだろうか？　悪魔、死、罪、地獄、その他すべてのつくられたものが何をしようが、わたしがあなたの味方であるかぎり、わたしがあなたを保護し、守るかぎり、わたしを信じて大胆に従いなさい」と語っておられると信ずるならば――それを信ずる人こそ、この主の食卓に属し、聖餐を神の保証として、約束として、封印として、ゆるしとして受け取る人でしょう。けれどもすべての人がそのような信仰をもっているわけではありません。せめて十分の一の人がそうした信仰をもつように願われます。

すべての人がそのように豊かな、あふれこぼれるような宝をもっているわけではありません。じつは神のめぐみによってわたしたちすべてがそうした豊かな宝を与えられているのですが。迫害によって肉体にふりかかる苦しみを、あるいは良心のはげしい痛みによって霊の呵責を味わっている人のみが、そうした宝をもっているのです、悪魔が内的、あるいは外的に心をくじけさせ、おそれさせ、打ちくだき、人の心が神との関係を見失うとき、罪がおびやかすように目の前にあらわれるとき――そのように打ちひしがれた心の中にこそ、神は住まいたもうのです。呵責のうちにくらし、罪が日ごとに自分を蝕むのを感じる人こそ、保護者を、守り手を必要としているのではないでしょうか？　そのような苦しみを知らない人は、この食卓には属しません。この食卓は飢えた者、求める者を招いているのですから。このように感じない者は、しばらく聖餐から遠ざかるべきでしょう。この糧は満ち足りている者、飽食している者の養いにはなりません。けれども良心の咎めを感じ、不安な心の恐れを知っている者は、軽々しい足どりでなく、謙遜な、敬虔な思いをもって聖餐の食卓につくべきです。とはいえ、そうした気持を四六時中保ちつづけることはできません。今日はめぐみを受けて、聖餐にあずかる用意があっても、明日は受けられないかもしれません。さらに六ヵ月後にはそれを願いもせず、めぐみにあずかろうという意志すらなくなっているかもしれません。つねに死と悪魔におびやかされている人こそ、聖餐にあずかる用意のできている人です。かれらこそ、何ものも自分を害することがないという信仰をもっている人々ではないでしょうか。なぜならかれらは何者も取り去ることのできないものを秘めもっているのですから。だからキリストは聖餐を定めたもうにあたって、まず弟子たちに「わたしは間もなくあなたがたのもとを去る」といわれてかれらをうろたえさせたのでした。主はまた、「あなたがたのうちの一人がわたしを裏切るだろう」といわれました。かれらはおそらく胸を刺されるような思いをしたことでしょう。たぶん愕然として、まるでそれぞれが神を裏切ったかのようにうちひしがれてすわりこんだでしょう。キリストはかれらがおそれおののき、ひるむのをごらんになり、そのうえではじめてかれらを力づけるために聖餐を定めたもうたのでした。そういうわけでパンとぶどう酒は悩める者への慰め、病める者への薬、死にかけている者への生命、貧しい、困窮している者への豊かな宝なのです。

聖餐については今日はこのぐらいにして、あなたがたを神の導きに委ねます。

聖餐の外的な意味〔一五二五〕

キリストはパンを取り、これを祝して弟子たちに与え、「取って食べよ。これはあなたたちのためにさく、わたしの体である」といわれ、さらに杯を取って「これは新しい契約の血である」といわれました。このことはマタイ、マルコ、ルカの福音書の記者たちによって、またパウロによって記されています。そうした力にあふれる聖句に加えてコリント人への第一の手紙一〇・一六には、「わたしたちが祝福する祝福の杯、それはキリストの血にあずかることではないか」と書いてあります。これはカールシュタット博士にとっては大きな驚きでしょう。親愛なる兄弟よ、聞いていますか？　キリストがさき、ついでわかちたもうたパンを食べるのはキリストの体にあずかることです。パウロはくりかえしそういっています。それはキリストの体にあずかることであると。けれどもキリストの体にあずかるとは、どういうことでしょう? それは、さかれたパンを食べる者はそれぞれ、そのパンにおいてキリストの体を受けているのだという意味にほかなりません。このまじわりとはしたがって、キリストの体にあずかることです。それぞれが他の人とともにキリストの体を受けるのです。キリストにおいて一つ体であり、一つパンを受けるのだといいました。パウロは、わたしたちはみな、キリストにおいて一つ体であり、一つパンを受けるのだといいました。だから、聖餐は久しいあいだ、まじわりと呼ばれてきたのです。

ところがカールシュタット博士はこの聖句の意味を避けようとして、ちょっとした離れわざをおこなっておられます。神が具体的な、外的なこととして定められたことを、持ってまわった手品でも使うようにして、もっぱら霊的に、内的に解釈しておられるのです。いっぽう博士は、神が内的な、霊的なものとして定められたことを外的に、具体的なものに変えておられます。すなわち〝まじわり〟という言を取って、これは単に霊的まじわりを意味するにすぎないといい、キリストの体のまじわりとはわたしたちがキリストの苦しみについて考えることによってそれをともにすることなのだといっておられるのです。

けれどもキリストの苦しみにあずかるということが、キリストの肉と血にあずかるということであるはずはありません。なぜならキリストとともに苦しもうとする者、キリストの苦しみにあずかる者は敬虔な、霊的な、信心ぶかい人でなければならないからです。罪ふかい、肉的な人にはそんなことはできるはずがありません。けれどもふさわしくない者でもキリストの体にあずかることはできるのです。ただ、パウロがいっているように、「主のからだをわきまえないで飲み食いする者は、その飲み食いによって自分にさばきを招く」のです。ユダに起ったのはそれでした。最後の晩餐に同席した他の弟子たちと同じように、ユダもキリストの肉と血にあずかりました。ユダもパンを食べ、ぶどう酒を受けたのでした。

敬愛する友人よ、言語の自然の意味は、皇帝に対する皇后のようなものです。それは微妙なものであり、知にかたよって、理屈っぽい解釈より、はるかにふかい意味をつたえます。信仰上のっぴきならぬ場合はべつとして、言語の自然な意味から離れてはならないのです。さもないと聖書のどんな文字もこれらの水晶占い師たちから安全ではないでしょう。

キリストの体は天国にはないという議論について〔一五二七〕

キリストの体は聖餐のうちにはない、主は天にのぼり、神の右に座していたもうのだからという人がいます。わたしたちは、子どもたちの作るボール紙の天国を想像すべきではありません。そうした安直な天国では、キリストは聖歌隊の独唱者のようなケープをまとい、黄金の冠をいただいて、父なる神のかたわらの黄金の椅子にすわっておられるのです。そのようなこしらえものの天国がなかったなら、キリストが特定の場所におられるということについて、現在のようなかしましい議論や主張がなされることはなかったでしょう。神の右というのは特定の場所をさすものでありません。なぜなら神は本質的な意味で地の果てばてに同時にいまし、あらゆる被造物のうちに出入りしていたもうのですから。神の腕、手、顔、霊、知恵というとき、それはすべて神をさすのだということを、わたしたちは知っています。神のすべてがキリストのうちにそっくりそのまま宿っていたもうということも知っています（コロサイ二・九）。神が地上において本質的に、一つの人格として女性の胎のうちに、ゆりかごのうちに、神殿に、荒野に、町に、村々に、庭園に、野に、十字架上に、また墓場にいましたまい、しかも同時に、終始天上の父のふところにいましたもうたということはどうして真実なのでしょう？　わたしたちの信じているように、神が本質的に人格として地上のキリストのうちにあって多くの場所にいましたまい、しかもまた同時に天上の父のみもとにいましたもうたということが真実なら、神はあらゆる場所に同時にいましたまい、本質的に、また人格として、神性をもって、御稜威（みいつ）をもって、天と地と、またすべてのものを満たしたもうのだと結論せざるをえないでしょう。エレミヤがいっているように（エレミヤ書二三・二三―二四）、神は「天と地とに満ちていたもう、近く」の神なのです。詩篇の詩人とともに（詩篇一三九・七）わたしたちも、「わたしはどこへ行って、あなたのみ前をのがれましょうか」といわざるをえません。

ですから、たといキリストが最後の晩餐において、「これはわたしの体である」といわれなかったとしても、キリストが神の右に座したもうという聖句は、主の体と血は天上にもあり、また他のあらゆる場所にもありうることを示します。パンがキリストの体に変るという化体説や変形説について、ここで述べる必要はありません。こうしたすべての説がなかったとしても、キリストは聖餐のパンとぶどう酒の中にありうるのです。それは、神の右にという言葉が、まず存在するあらゆるものに変えられる必要がないのと同じです。パンが籠の中に、ぶどう酒が瓶の中にあるように、目に見える、むきつけな意味でキリストの体がパンの中にあるのだと考えるほど、わたしたちは粗野ではありません（過激な人人はわたしたちがそういっていると主張しますが）。キリストの体は、「これはわたしの体である」という御言の意味において聖餐のパンの中にある――わたしたちはそう信じているので、それを言葉でどういいあらわすかについては問題にしていません。キリストがパンの中にいます、ぶどう酒の中にいます、パンのあるところにいます――わたしたちはどの表現でも用いる用意があります。表現についていい争う気はありません。ただ聖餐におけるパンはふつうのパンではなく、キリストの体であるということ――それが変らぬかぎりは。

キリストがあらゆるところにいましたもうとすれば、どこでキリストの体にあずかろうが同じではないかと問う人がいるかもしれません。しかしそれは違います。わたしたちは食卓の上の酢づけキャベツやスープを食べるように、キリストの肉と血にあずかってはいけないのです。わたしたちはキリストが望みたもうところで、キリストの血と肉にあずかる必要があります。たといキリストがあなたの食卓のパンの中にいましたもうたとしても、あなたがたが主の血と肉にあずかりうるように、主がご自身をあなたがたに結びつけ、御言を通じてその特定の食卓につきたもうのでないかぎり、主はとらうべくもなく、わたしたちは主にふれることができないのです。

神秘につつまれている事柄について悩んだり、詮索したりしないように〔一五三四〕

クリスチャンは、神を誉めたたえて、キリストがいわれたとおりのことが自分にも起りうると信じなければなりません。クリスチャンはパンがどうして体になり、ぶどう酒がどうして血になるのかといった問題にくよくよ頭を悩ます、過激な人々のようであってはなりません。かれらは神を理解することを欲し、何かが理屈にあわないと、神がそんなことをなさるはずはないと考えます。けれどもなぜ、人は、あらゆることを理屈にあわせようとして死ぬほど悩むのでしょうか？　もしもそれが神の言であるなら、神は全能で真実にいましたまいますから、わたしたちはただ信仰においてすべてのことを幼な子のように受けいれればよいのです。わたしたちは感謝と喜びにあふれ、いったいどういう目的で神がそれをなさったかをたずねるべきです――神にそれがおできになるかどうかではなく。わたしたちの中には、目がどうして見えるのか、どうして人が眠るのか、またどうして目覚めるのか、知っている人はいません。説教者の声は数千の耳と心を満たします。わたしたちには説教者の姿を見、声を聞くことはできますが、どうしてそうなるのかときかれてもわかりません。わたしたちは隠されている事柄に関してさえ、主人となり、裁判官となることを願います。しかしわたしたちには自分の毎日の生活さえ理解できないのです。舌が口の中で動いて言葉を発するのは、どうしてでしょう？　わたしたちは、自分の髪の毛がどのようにして伸びるかということも知りません。自分がその中で動き、生きている体について、理解していないとすれば、神のみがあきらかにしてくださること、わたしたちがその中で生きていないものについて、どうして理解できるでしょう？　あなたは雌牛が干草や草を食べることを知っています。金や銀、石、小麦――理性はこうしたものを扱うことができます。――けれども舌を、目を、耳を、神がどのように用いられるかということについては、やたらな詮索をしないほうがよろしい。あなたが問うべきことは、神か人間のどちらが語っているかということ、それが神のわざか、人間のわざかということです。

神の言であり、わざであるとしたら、静かに目を閉じ、それがいかにして起るかと問うことをおやめなさい。わたしは洗礼を受けてわたしのすべての罪から浄められなければなりません。キリストがそうおっしゃっているからです。聖餐についても同じです。「きて食べなさい」。「わたしの記念としておこないなさい」。これはキリストのまことの体、そして血です。キリストがそう告げていらっしゃるからです。人間の言葉ではありません。キリストが聖餐を定め、それを命じたもうたのです。わたしはキリストの言を聞きます。感じます。けれども何が起っているのかは知りません。知らないのなら、むやみと質問をせず、議論に熱をあげずに、聖餐の効用を、そして喜びを考えることです。

キリストはそれを能うかぎり容易な、したわしいものにして下さっています。聖餐に立ってあずかるか、すわってあずかるか、そんなことはどちらでもいいのです。キリストはわたしたちに苦行を課していらっしゃるわけではないのですから。食べること、飲むことはきわめて容易なわざです。人間は好んでそれをします。それは地上において、もっとも楽しいことです。諺にも、「食べる前にはおどるな」とありますし、「満腹した胃に幸福な頭」というのもあります。キリストはあなたを楽しい、親しい食事の席へと招いていらっしゃるので、あなたに重い荷を負わせようとしていらっしゃるのではありません。僧服を着よとか、鎧を着てエルサレムへの巡礼の旅に出よとか、割礼を受けよとか、動物をいけにえとしてささげよ、洗浄式をおこなえ、などといった規定はまったくないのです。主は「これはわたしの聖餐である。あなたがたが集ってわたしについて学ぶとき、パンを取り、杯をあげて、『これは主の体であり、血である』とくりかえしなさい」――ただそうおっしゃっているのです。

〔一五一九〕

こうしたことから聖書が神のしるしであって、キリストと聖者たちのすべてのわざ、苦しみ、功績、恩寵、善行が慰めとして、励ましとして悪魔、罪、この世、肉、その他あらゆる悪に悩まされている人々に与えられているということはあきらかです。聖餐を受けるということはこれを信じることです。なぜなら、すべてのものは信仰によっているのですから。聖餐がどういうものであり、何を意味するかということを知るだけでは十分ではありません。あなたがたは、自分がキリストの血と肉を受けたことを信じなければならないのです。キリストの体と血の全体が、一きれのパン、一口のぶどう酒の中にどうしてふくまれうるのかと疑問をもつ人がいます。そうしたことについて、心を悩ますにはあたりません。これが神のしるしであり、キリストの肉と血が真にこの中にあるということを知っているだけで十分です。パンとぶどう酒がどのようにしてどこに存在するかということは、キリストにお任せすればいいのです。意気消沈しているときにも、キリストが、またすべての聖徒たちが聖餐において、そのすべての徳と、苦しみとめぐみをもってあなたのもとをおとずれるという確信をおもちなさい。彼らはあなたとともに生き、苦しみ、死に、まったくあなたのものとなり、すべてのものをあなたとわかちあうことを求めているのです。もしもあなたがこの信仰をもち、これを増し加えるなら、あなたはあなたの神があなたのために、どんなに喜ばしい婚宴をこの祭壇の上に用意して下さったかを身にしみて知るでしょう。

自分の心を吟味しない人は差し控えなさい〔一五二三〕

今年わたしたちはもう一度、一人一人が自分自身の判断にしたがって聖餐の席につくことを認めましょう。けれども今後はどのような心の状態にあるか、聖餐がどういうものであるかをよく心得ているか、またなぜ、この席につらなろうとしているかを吟味され、よしとされないかぎり、列席を許されないでしょう。

しかしおそれおののく者は招かれる〔一五二八〕

聖餐について適切な理解があり、教義がある以上、クリスチャンのあいだで日ごとにわかちあわれているこの宝をなおざりにしてはならないというすすめを一言申しのべることが望ましいと思います。クリスチャンたる者はしばしば聖餐にあずかるようにこころがけるべきです。教皇の支配から解放された現在、一、二年、あるいは三年、もしくはそれ以上聖餐に出席していない人がたくさんいます。まるで自分たちの信仰は強いから聖餐につらなる必要などないというかのように。またある人々は、飢と渇きを感じている人だけがくるようにとわたしたちが教えたために、列席を差し控えています。聖餐への出席は自由だ、とくに列席する必要はない、信ずるだけで十分だといっている者さえあります。大部分の人は冷淡で、神の言をも聖餐をも軽蔑しています。わたしたちが、何びとも聖餐への出席を強制されないし、それを魂に加えられる呵責としてはならないとのべたことは事実です。しかし同時に、長いこと出席しない人々はクリスチャンとは認められるべきでないということをも、指摘したいと思います。なぜならキリストが聖餐を定めたもうたのは、傍観すべき儀式としてではありません。それはともに飲み、かつ食べる食事として、また主の苦難を思い出すべきおりとして、定められているのです。

わたしは自分の経験から知っていますし、まただれでも気づくことだと思うのですが、聖餐に加わらないでいるうちに、信仰がしだいに冷え、ついには一吹きの風にも吹きとばされるほどになってしまうことがあるのです。自分の心を、良心を吟味して、自分が神と正しい関係をもつことを願っているかどうか、よく考えるべきです。そうした吟味をすればするほど、心は暖まり、燃えるでしょう。

〔一五二九〕

けれどもあなたがたはいいます。「わたしは聖餐に列なるのにふさわしくありません」と。わたし自身も、そういいたいという誘惑を感じます。あなたがたは教皇主義者が説教の中で、しみ一つない、清らかなものとならなければならないというのを聞いたのでしょう。そう考えるとき、わたしたちはおそれおののきます。わたしたちの心はすぐにいいます。「わたしはふさわしい人間ではありません」と。次の日曜になればもう少しいい人間になっているかもしれないと望みをかけて、わたしはもう一週間待とうと思います。そして次の日曜がくると、またその次の日曜日まで延ばすというふうにして、ついには三ヵ月が、六ヵ月が、一年がたってしまうのです。わたしがまったく清らかな人間になるまで、良心の咎めを感じないような人間になるまで、待つとしたら、わたしはいつまでも聖餐を受けられないか、すくなくともずいぶん長いこと受けられないということになってしまうでしょう。

姦淫、横領、搾取、盗み、憎しみ、嫉妬のようなゆゆしい罪をおかした者の場合は、べつに考える必要があるでしょう。そのような無法な、粗暴な人間については、「聖餐式に列なってはならない」というべきでしょう。彼らには罪のゆるしを受ける用意がまだないのですから。悪い性情にとどまりたいとさえ思っているのですから。

けれどももしもあなたがたの罪が、公に咎められるようなものでないなら、聖餐式への参加を控えずに、こういいなさい。「わたしは自分の義を頼みとして出席するのではありません。義が求められるなら、わたしはけっして参加できないでしょう。子どもは信心ぶかいから洗礼をさずけられるのではありませんし、汚れがないから告解に行くのではありません。わたしはふさわしくない者として、いえ、ふさわしくなりえない者として行くのです。どうか、神がこのふさわしくないわたしをお救い下さるように」。わたしたちはいつも、キリストの御言より、自分の手を眺めています。むしろいうべきです。「わたしはあなたの御言に目を注ぎます。自分の行為でなく」と。

〔一五三四〕

聖餐をおそれる人がいるのはふしぎなことです。農夫たちは、すべての罪を後にした者でなければ聖餐にあずかれないと考えて悩んでいます。教皇政治のもとで、民衆がきびしい考えかたをしてきたのは驚くにはあたりません。教皇主義者たちは胆汁や酢、にがよもぎなどで聖餐を苦い味のものとし、すべての喜びを取り去っています。罪の汚点が一つも残っていないほど、清らかな人間にならなくてはいけない、神も目をそらされるほどに信心ぶかくなくてはいけない——わたしたちはそう教えられたのでした。わたしもそのような清らかさを自分のうちに見出すことができなかったために、おじおそれたばかりではありません。教皇主義に染まっていたころの名残りにいまだに責めさいなまれています。ただ、いまでは喜びがもどりつつあるのです。もちろん、わたしたちはみな信心ぶかくなくてはなりませんし、神の恵みよりも罪を愛する者は、聖餐式に列するべきではありません。しかし主の聖餐はしたわしい、喜ばしい食卓であって、毒や死をそこからひきだすなんて、とんでもないことです。いいですか、聖餐はあなたの喜びのために与えられているのであって、あなたを悩ますためではありません。それはあなたの魂を慰めるため、力づけるため、あがなうためなのです。洗礼式においてキリストがあなたを水の中に浸してくださったのはあなたを溺れさすためでなく、あなたが罪から救われるためだったように。だからあなたは、聖餐式の効用と目的を学ぶべきです。キリストが聖餐をお定めになったのは、あなたのため、わたしのためです。わたしは自分が悪しき者であって悪魔にとらえられているということを知っています。わたしはなすべきことをしていません。しかしこうした状況にある人間こそ、聖餐の席に招かれるべきなのであって、聖餐をおそろしい裁きとしておそれるべきではありません。そうしたおそれは古い習慣から、あるいは悪魔のたくらみから起ります。クリスチャンは喜びと信頼をもって聖餐の食卓をかこみ、「わたしはこの主の肉と血にあずかろう。主はなぜ、これをわたしに与えてくださったのだろうか？わたしが主の御名においてのみ祝福されることを求めるなら、主の御名においてのみ助けと慰めを得ることを願うなら、主はけっしてわたしを捨てたまわないだろう」と考えるべ

郵便はがき

料金受取人払郵便

小石川局承認

6313

差出有効期間
2026年9月
30日まで

112-8790

105

東京都文京区関口1−44−4
宗屋関口町ビル6F

株式会社 新教出版社 愛読者係 行

<お客様へ>
お買い上げくださり有難うございました。ご意見は今後の出版企画の参考とさせていただきます。

ハガキを送ってくださった方には、年末に、小社特製の「渡辺禎雄版画カレンダー」を贈呈します。個人情報は小社、提携キリスト教書店及びキリスト教文書センター以外は使用いたしません。
●問い合わせ先 : 新教出版社販売部 tel 03−3260−6148
email : eigyo@shinkyo-pb.com

今回お求め頂いた書籍名

お求め頂いた書店名

お求め頂いた書籍、または小社へのご意見、ご感想

お名前	職業

ご住所　〒

電話

今後、随時小社の出版情報をeメールで送らせて頂きたいと存じますので、
お差し支えなければ下記の欄にご記入下さい。

eメール

図 書 購 入 注 文 書

書　　　　名	定　価	申込部数

きです。

愛の聖餐〔一五二二〕

きのう、わたしたちは聖餐の真の用いかたについて聞きました。今日は聖餐の果実について、すなわち愛について考えましょう。神がわたしたちに対してしてくださったとおりに、わたしたちもまた隣人に対して行うように。わたしたちは神から愛と親切以外の何ものもいただいていません。わたしたちのためにご自身のすべてをお与えになりました。そのめぐみの深さは天使にもきわめられないほどです。神は地から天にまでとどく愛にみちみちた輝く大いなる焼きがまのようです。愛こそ、聖餐の果実だとわたしは思います。しかし聖餐について多くが語られているにもかかわらず、わたしはまだこのヴィッテンベルクでわずかな愛しか見ていません。愛はもっとも偉大なものですが、だれも愛に、何ものにもまさる大きな関心を向けていません。パウロはいっています。「たといわたしが人々の言葉や御使たちの言葉を語っても、もし愛がなければ、わたしはやかましい鐘や騒がしい鐃鉢(にょうはち)と同じである」。これはじつにおそろしい言葉です。「たといまた、わたしに予言する力があり、あらゆる奥義とあらゆる知識に通じていても、また山を移すほどの強い信仰があっても、もしも愛がなければ、わたしは無にひとしい。たといまた、わたしが自分の全財産を人に施しても、また自分のからだを焼かれるために渡しても、もし愛がなければ、いっさいは無益である」。貧しい人々に食べさせるために財産をことごとく施した人も、自分の体を焼かれるためにわたしした人もここにはいませんが、いくらそんなことをしても、愛がなければ、何にもならないというのです。あなたがたは聖餐においてすべてを神からいただくことを望んでいます。それなのに、それを愛においてふたたびそそぎいだすことを願わないのです。だれも隣人に手を貸そうとせず、自分のことばかり考えているのです。貧しい人々のことなど、だれ一人気にかけていないのです。

こうした問題については、あなたがたはずいぶん前から聞いてきたはずです。わたしの著書はいずれも、信仰についての、愛についてのすすめに満ちみちています。たがいに愛しあわないなら、神はあなたがたの上に恐ろしい疫病をお下しになるでしょう。御言がむなしく説かれるのを、神が見過されることはないでしょう。友よ、あなたがたははなはだしく神をいざなっています。もしもこれらの言がわたしたちの父親たちに説かれたのであれば、たぶんべつな答が返ってきたでしょう。また修道院でこの言が説かれるなら人々は喜びに満ちてこれを受けいれるでしょう。けれどもあなたがたはこれを、自分にいわれたこととして受け取っていないのです。あなたがたはそのかわりに見掛け倒しの、はでやかなものに心をひかれているのです。どうか神があなたがたを導いてくださるように。

まじわり〔一五一九〕

聖餐の意味とは、すべての聖徒のまじわりです。ともにパンを食べ、ぶどう酒を飲むのは、キリストと、またすべての聖徒たちとのまじわりのしるしです。ちょうど、ある町の市民となった者が地域の人間であるということを証明する書状を与えられるように。この聖餐にあずかるとき、あなたがたは、聖徒のまじわりにふりかかる可能性のあるあらゆることを引き受けなければなりません。あなたの心を残りなく愛にささげ、これが愛の聖餐であることを学びなさい。聖餐はそのすべてにおいてまじわりを暗示し、これにあずかる者のうちに愛の火を燃やします。小麦の粉がこねあわされてパンとなるように、ぶどうの実がしぼられてもとの形を捨てて一つの体となるように、クリスチャンは一つの霊の体とならなくてはなりません。

〔一五二八〕

わたしもあなたがたと同じ信仰と教えをもち、あなたがたと同じように聖餐にあずかっています。さらにまた弱さを、無知を、あやまちを、また貧困を、あなたがたとともにしています。あなたがたは裸ですか？　でしたらわたしも裸です。あなたがたに衣服を着せるまで、わたしの心には平和はないのです。あなたは飢え渇いていますか？　ではわたしのパンはあなたがたのものです。あなたがたの飢えは、渇きは、わたしのものです。あなたがたは罪人ですか？　でしたらわたしも罪人です。わたしは喜んでいるでしょうか、強いでしょうか？　ではあなたがたの悲しみを、弱さをわたしが引き受けましょう。そしてあなたがたがわたしのようになるまで、かたときも休みますまい。あなたがたの喜びはわたしの喜び、あなたがたの悲しみはわたしの悲しみなのです。

〔一五二九〕

主は主に属するすべての聖徒たちとともに、愛においてわたしたちと同じように人のかたちを取り、わたしたちとともに罪と、死と、またすべての悪と戦ってくださるのです。

それによってわたしたちは燃やされ、主とひとしくなり、かれの義に身をささげ、主のめぐみ、わたしたちの悲惨をともにするまじわりの中へ一つのパンのかたまりとして、体として、飲みものとして合されるのです。パウロがいっているようにキリストがかれの教会と肉を、骨をともにしていたもうことを象徴するこの聖餐は、何という大いなる奥義でしょう（エペソ五・三二）。わたしたちも同じ愛において自分自身を変え、他のクリスチャンの必要を、またあやまりを、自分の身に引き受けなければなりません。よいものをもっているなら何でもほかの人たちにつたえ、かれらもそれをともに楽しむようにすべきです。そのとき、わたしたちは互いに一つとなり、愛のまじわりを結ぶでしょう。そうしたまじわりなしには、この根本的な変化は起りえません。

3 捕縛と裁判

考うべきこと

今日は受難週のはじめの日曜日です。一年に一度、主の受難に関する聖書の記事を通読するのはよいことです。キリストについてまったく考えずに二日をすごすとき、わたしの心はなえ、いきいきと働かなくなります。一年のあいだ、キリストについて何も聞かずにすごす人はどうなるでしょう？

しかし御言を聞く人も目覚めてはいないのです。キリストの受難については何度も読まれ、聞かれ、説かれてきましたが、いったいそれはどういう目的においてであったでしょう？ あきらかな目的と、隠された目的と両方あるといえるかもしれません。主の受難について喜んで耳をかたむける人で、その意味を考える人はわずかです。人々は教会に行き、聖書の朗読を聞き、何ということもなくまた出て行くのです。キリストがわたしたちのために血を流されたことについては喜んで耳をかたむけますが、貪欲であってはいけない、姦淫をおこなってはいけないと説けば――たちまちはげしい抗議の声が返ってきます。

「なぜ、そんな非難をするのです？　わたしたちはクリスチャンです。神はわたしたちを罪から救ってくださったのですよ」と。ほんの少し歯に衣着せずに意見をのべると、人々は憤慨するのです。説教とはそうしたものです――公にのべつたえられはしますが、人の心のうちにはほとんどしみこんでいかないのです。

福音書の記述には、ゲッセマネの園における出来事についていくらかずつ食いちがいがあります。浅薄な人々はこうした細かい事実に気を取られ、肝心なことを見おとします。たとえば、茨の冠とか、釘とか、十字架の一部だという木片に注意をうばわれ、受難の真の意味を見すごしてしまうおそれがあるのです。わたしは主の処刑に使われた十字架が見つかったということを聞いて、そんなものは見つからないほうがよかったのにと思っています。本物でないとはいいきれません。悪魔はキリストよりも、十文字にぶっちがえにした木の方にわたしたちの注意をそらすことを喜ぶでしょうから。もっともわたしとしては、主の十字架が見つかったなんて、でっちあげだろうと思っていますが。キリストの遺骨にしろ、聖者たちの遺骨にしろ、モーセのそれと同様、どこか知らない土地に埋っているほうがよいとわたしは考えています。ですからキリストに思いを集中し、ユダヤ人たちのこと、ピラトの官邸のこと、最後の晩餐のこと、ユダのこと、捕縛のことは気にかけないようにしましょう。エルサレムに行って、主の足跡を見てくるにもおよびません。ピラトの官邸や、キリストが気を失われたという階段を見て、何になるでしょう？　問題はキリストがあなたをどうごらんになっているかなのですから。

「祭司長たちや律法学者たちは、策略をもってイエスを捕えたうえ、なんとかして殺そ

うと計っていた。彼らは「祭の間はいけない。民衆が騒ぎを起すかもしれない」といっていた」（マルコ一四・一―二）

祭司長たちは、多くのユダヤ人がエルサレムにのぼってくる祭のときにイエスを捕えることを恐れていたのです。女や子どもをべつにしても、三百万人もの人々が集ってくるにちがいなかったからです。全ドイツをあわせてもそれだけの人数がいるかどうか。だから祭司長たちはいったのです。「民衆はあの男に望みをおいている。われわれの企てを成功させるには知恵を働かせ、適当な時にことをおこなわなければならない」と。

ベタニヤにおける出来事（マルコ一四・三―九）

十字架の苦しみを受けたもうにさきだってイエスはベタニヤ村に行かれました。聖書には、マリアがイエスの足に油を塗ったと記されています。当時は香水をたらした水で客の顔だけでなく、手足を洗うという古来の習慣があったのです。マリアはたいへん高価な香水瓶を買い求めました。これは油ではなく、いいにおいのする薬草でつくった香水でした。マリアはそれをイエスの頭や衣に注ぎかけました。それはすべてのものを清めて、かぐわしい香りを添えるものでした。主はそれをお受けになりました。香水を好まれたというわけではなかったのです。主の心は、間近に迫っている死を思って重かったのですから。六日後には死が待っていました。特定の日に恥多い死を迎えるとはっきりわかっている人は、黄金や、真珠の首飾りや、美しい衣服など、喜ばないでしょう。やがては血を流さなければならないことを思って、心が苦しみにふかく閉ざされているからです。笛を吹いたり、歌ったり、おどったり、という祭の喜びも何の助けにもならないでしょう。けれども、キリストはマリアの行為をお受けになりました。マリアはイエスを預言者と信じて、善意からこのことをしたのでした。イエスは死と戦っておられましたから、このこと自体には何の喜びもお感じにならなかったでしょうが、マリアのしたことを黙ってお受けいれになったのです。

ところがシモンの子イスカリオテのユダは考えました。

「マリアは金をむだに使っている。主の足にまで香水をかけて。このばら香水は高価なものだ。なぜ、ソーダとか、石鹸を使わないのだろう？　この香水は売れば三百グロッシェンにはなるかもしれない。売ってえた金を貧しい人々に施せばむだにはなるまいに」。ついでながら一グロッシェンは一ニュルンベルク・ポンドに当り、およそ三十五グルデンです。ユダはきっとひとりごとをいったことでしょう。「それだけの金があれば二十四人の食事が用意できる。使いようによっては六十人に一ヵ月間食べさせることもできたろうに。それが一時間でなくなってしまうとは」。いかにももっともらしいいいぐさです。そんなふうにして教皇は、トルコ人征伐の資金をつのったのでした。さてもちろん、トルコ人征伐にしても、貧しい人々への施しにしても、悪いことではありません。けれども教皇もユダと同じ気持だったのです。

キリストはいわれました。「するままにさせておきなさい……この女はわたしの体に油を注いで、あらかじめ葬りの用意をしてくれたのである」。イエスはご自身の死を指し示しておられたのです。マリアにはその意味はわかりませんでしたけれど。この三十五グルデンによって、この女はわたしに別れを告げているのだ——そうイエスはいっていらっしゃるかのようです。最後の機会であれば、わたしだってキリストの御言への愛の証として、三十年間かかってささげるはずだったものをいちどきにささげたことでしょう。

弟子たちの足を洗う（ヨハネ一三・一―二〇）

キリストは弟子たちを町につかわして過越の祭の準備をおさせになりました。そしてみんなが集まったときに、「水をたらいに入れて、弟子たちの足を洗い」はじめられました。このことからキリストがいいつくせぬほど、慕わしい方であったことがわかります。「あなたがたはわたしを教師、また主と呼んでいる。それは正しい。わたしはそのとおりである。しかし、主であり、また教師であるわたしがあなたがたの足を洗ったからには、あなたがたもまた互いに足を洗い合うべきである」。

キリストとしてはこんなことをなさる必要はなかったのです。たとえばペテロに、「ユダの足を洗ってやりなさい。わたしは主だ」とおっしゃれば、それですんだでしょう。しかしそうなさるかわりにへりくだってご自身の威厳を捨て、召使のようにふるまわれたのです。ペテロはイエスに忠告しようとしていいました。「あなたは主でいらっしゃいます。わたしこそ、あなたの召使です」。けれどもキリストはペテロを叱って、足を洗うということの意味を説明されました。

弟子たちの足を洗うキリストと、自分の足に接吻させる教皇と！　ああ、何という違いでしょう！　キリストは、使徒たちの後継者が人の奉仕を受けることを望むだろうと予想していらっしゃいました。しかし主はすべてのクリスチャン、とくに使徒の後継者はかえって仕えるべきだと考えておられました。これは、足を洗うという一事にかぎりません。わたしはこの習慣をゆかしいと思いますし、続けてほしいとも思います。けれども芝居がかった態度でする、見せかけだけの謙遜はいまわしいものです。
教皇、マインツの枢機卿、フェルディナンド王は乞食の足を洗って見せました（こんな

人々は悪魔のもとに行けばいいのです!)。人を絞首刑にした同じ日に、キリストの真似をして他人の足を洗うなんて。わたしが神だったら、雷をもって、稲妻をもって、かれらを打ったでしょう。とはいえ、わたし自身も修道士だったころ、傲慢な男でした。貧しい人の足を洗おうと心から思うなら、かれらをあなたがたの家につれて行き、食事を与え、服を着せるといったことを一年間続けてみるといいのです。

弟子の足を洗うことにおいて、キリストは愛の手本をかかげていらっしゃいます。なぜなら互いに仕えることこそ、愛の本質なのですから。相手を自分自身より高く評価すること、それこそ愛であり、よきわざです。イエスは、「あなたがたもまた、互いに足を洗うべきである」といわれました。このようにしてキリストは、ご自身をいとひくき者となさったのです。人はここに真の愛を見ます。なぜなら愛の心は愛する者とともにあり、愛する者の喜ぶことをしたいと思うはずですから。この実例において、人は同情を、慈悲を、兄弟愛を、助け手を見出します。しかし悪魔が介入し、教皇を通じていうのです。これだけでは足りない。これはごく当りまえの命令にすぎない。クリスチャンはそれだけでなく、修道士になり、修道士の衣をつけ、六日にわたって断食しなくてはいけないと。信仰そのものがありきたりのことと呼ばれ、もっとめざましいことをするように命じられるのです。異教徒は信仰だけでよいが、クリスチャンはもっとべつなことをすべきだと。すなわち修道士の衣をまとうなど、よきわざをする必要があると。わたし自身についていうなら、わたしはまだ信仰のアルファベットも知りません。わたしは墓に入るまで学びつづけねばならないでしょう。しかし、わたしはよきわざについてはどうでもよいと思っています。わたしはただ、「どうか固い信仰をもてるようお助けください」と祈ります。そうした信仰が与えられたうえでなら、教皇が命じるすべてのことをいたしましょう。しかし何よりも隣人を愛し、自分自身よりかれを尊敬することです。教皇主義者たちはそこでまたいうでしょう。これはごくありきたりの命令だと。わたしは答えます。「そのありきたりの命令を守ったのはだれですか？　あなたは守りましたか？　守っていないじゃありませんか」と。

神がそのようにへりくだられたということ、そのように大きな愛をお示しになったということは、わたしたちすべてを困惑させます。このことを身にしみて感じないなんて、じつに恥ずかしいことです。けれども自分の心が清らかかどうか、誰が知っているでしょう？　ユダをごらんなさい。ユダは悪魔の心をいだきながら、えらそうにそっくりかえってすわっていました。これに対して主なる神は、召使のようにユダの前にひざまずかれたのです。カイゼルが乞食の足にくちづけをしたとしたら、それはこれ見よがしな謙遜で、主なる神のなさったことと比較するに値しません。これらの例はあまりにもふかい意味をもっており、かりそめに真似ようという気が起らないほどです。

ゲッセマネ

ヨハネによる福音書には「食事の後、イエスは弟子たちと一緒にケデロンの谷の向こうへ行かれた。そこには園があった」（一八・一）と書いてあります。これがゲッセマネの園です。なぜ、イエスはお逃げにならなかったのでしょう？　イエスは十字架をお避けになりませんでした。避けることは十分できたでしょうに、いつものようにご自身の道を行かれました。このことからわたしたちは、わたしたちが十字架を求めるべきでも、避けるべきでもないことを知るのです。誰にもせよ、体を与えられているのははりつけになるためではありません。もしもそのためだったら、神は体を健康なものとしておつくりになることはなかったでしょう。体の目的は食物や衣服を得るためにしもべとして働くこと、休息することです。体は従えられなければなりません。けれどもわざわざ苦しみを求める必要はないのです。

「イエスを裏切ったユダは、その所をよく知っていた」。ユダは一隊の兵卒たち、将校たち、その他をひきいてゲツセマネの園に行きました。祭司長の配下の男たちとローマの兵士たちとの二隊を引き連れていました。誰からも謀反人と呼ばれることがないようにと考えたのでしょう。キリストは天使たちにも、権威ある者たちにも捨てられ、弟子たちでさえ、逃げ去りました。何というさかさまごとでしょう！　エルサレムでイエスが教えを説かれたときには誰もあえて手をかけようとしなかったのに。いまや民衆も、政治をつかさどる者たちも、イエスを見捨てたのです。えてしてそういうものなのです。ザクセンの王侯たちが征服され、ヴィッテンベルクが包囲されれば、そのときはじめて、だれがよきクリスチャンであるかがわかるでしょう。いま福音主義的な説をのべている人々が脱落して敵側に走ることもあると思います。主イエスの時代の人々がパリサイ人たちについたように。クリスチャンであろうと思う者は、人に依り頼まずに強く立つことができるように神の力を祈り求めなくてはなりません。

「シモン・ペテロは剣を持っていたが、それを抜いた」（ヨハネ一八・一〇―一一）

人はすぐに剣を取りたがります。あることを命じられている人と、そうでない人の間にどんなに大きな違いがあるか、忘れがちです。神はまどろんでいたまいません。神はまつ

りごとがどのようにおこなわれなければならないか、ご存じです。不正があるとき、暴民は好んで介入します。古きアダムは大いなる愚者だからです。それです。ペテロは善意から行動したのでした。主に対する愛と、忠誠に促されたのです。ミュンツァーのしたことがかれはいいました。「主の身に危険が迫っている。わたしは主の弟子だ」。この世はかれを責めることができません。けれどもキリストは叱責なさいました。「エルサレムには政府がある。かれらがすべてを処置するだろう。あなたには剣は与えられていない」。キリストはそうおっしゃっているかのようです。

さて、政府は不当な処置をとりました。ですからペテロのしたことは正しかったのです。そこでわたしはだれを咎めるべきでしょうか？　権威をもっていながら不当なことをした者たちですか？　もちろんそんなことはありません。けれども、剣を取る権威をもっていないのに正当なことをした人間を咎めるわけにもいかないのです。たとえあなたに死人をよみがえらせる力があったとしても、そのためにあなたに剣が託されているわけではありません。「剣をさやにおさめなさい」。ペテロが罪もない人を守ろうとして剣を抜いたのだということはそのとおりですし、その善意は認めましょう。けれども正義の問題は法学者に任せて、あなたがたに託せられていることが何かをこそ、問うべきです。キリストは神の命令をくつがえすより不当な仕打ちを忍ぶほうを望まれたでしょうし、神はよくない民衆より、むしろよくない政治を忍ばれたでしょう。その理由は、暴民が収拾がつかなくなった場合、殺戮へと発展する可能性があるからです。だからペテロはよき意図があったにもかかわらず間違っていたとされ、ピラトとパリサイ人その他、主にさからった人々が正当だとされたのです。農民たちが「だれがこれに我慢できるか？」といったのは無理もないことでした。けれどもかれらはまたいうべきだったでしょう。「しかしわたしたちは命令を受けていない」と。あなたがたは、「わたしの心は正しい。わたしの意図も正しい。

したがってわたしの行為は正当だ」というべきではなく、「わたしはそうするように委託されているだろうか?」と問うべきです。残念なことに、この世ではすべてがさかさまです。よき意図をもっている者に権威がなく、権威をもっている者はよき意図を欠いているのですから。

アンナスの前での裁きとペテロの否認

イエスはまずアンナスの家に連行されました。さて、アンナスは娘をカヤパにとつがせていました。このカヤパの妻はエルサレムきっての名流婦人で、カヤパは大いなる権威をもち、当時は大祭司でした。かれの位はローマ教皇より高かったと思われます。カヤパが信じられないとしたら、教皇主義者も、宗教会議も司教たちも信じられないでしょう。つまり高い位のゆえに人を信じることがないようにというのがここから得られる教訓です。法学者たちは教皇について、このように高い地位の人が誤りをおかすことはありえないといっています。けれどもカヤパをごらんなさい。かれは当時でいえば、教皇より、皇帝より、高い地位を占めていましたが、間違っていたばかりか、おそろしく愚かでした。神の御子を十字架につけてしまったのですから。

「シモン・ペテロはイエスについて行った」(ヨハネ一八・一五)

受難の物語のうちでも、ペテロの否認のくだりはきわだって綿密に描かれています。それには理由があります。罪のゆるしほど、信じがたいことはないからです。たとえば「わたしは全能の父なる神を信ずる」という告白はわたしたちにそれほどの影響を与えませんが、罪のゆるしはあなたにもわたしにも密接な関係があるのです。ほかにも理解しにくいことがいろいろとあります。パンが主の体であるということや、主の受洗のときに聖霊がくだったことなど。しかし罪のゆるしこそ、もっとも理解しにくい問題です。このことがあまり理解しにくいため、また人間が地獄と裁きにおそれおののいているために、すべての人が励まされるように、罪のゆるしはペテロの実例において徹底的にえがきだされねばならなかったのです。

「下役のひとりが……平手でイエスを打った。……イエスはいわれた。『なぜ、わたしを打つのか』」（ヨハネ八・二二―二三）

この箇所は神の命令を「なるべく完全をめざせ」といった助言に変えるために利用されています。山上の説教の中でイエスはいわれました。「もし、だれかがあなたの右の頬を打つなら、ほかの頬をも向けてやりなさい」。これは悪にさからって復讐をしてはならないという命令です。しかし修道院や大学はいまではこれを、命令でなく、忠告にすぎないかのように解釈しています。そうしたい人はこの命令を守るがいい――とかれらはいうのです。――ただこれは助言であって、これに縛られることはないと。これを確証するためにかれらはこの受難のくだりを引用しています。「キリストはもう一方の頬を向けられただろうか？　むしろ、下役を叱責なさっているではないか？　だからもう一方の頬を向けよという言葉は命令ではない。命令であれば、イエスご自身、そうなさっただろうから」。一見これは山上の説教と食い違っているように見えますが、この箇所は、この世の王国と霊の王国という二つの王国に関連して理解すべきです。この世の王国においては皇帝が無法の者たちを支配し、霊の王国においては神の御子がクリスチャンを支配したまいます。キリストはその民として、正しい者しかお受けいれになりません。なぜならキリストには神の言があるだけで、むちも剣もないのですから。しかしこの世の王国は無法の者と交渉をもたなくてはなりません。かれらが悪いことをすればこれを抑えなければなりません。そうでなければ、自分の家の中にいても安全ではないでしょう。だれかが罪をおかせば、首切り役がその人を処刑しなくてはなりません。してみるとキリストの御言は、「わたしの教えは皇帝にはあてはまらない。神の子らにのみあてはまる」という意味でしょう。もう一方の頰を向けよ、上衣を与えよ、もう一マイルいっしょに行け——といった教えは神の子らに対していわれたのです。すなわちキリストは神の子らにむかって「善をもって悪に勝て」といわれているのです。キリストの言はこの世と皇帝に向けられているときは助言であり、霊の王国のクリスチャンに向けられているときは命令なのです。

あなたはいうでしょう。「でもキリストご自身、この命令に従われずに『なぜ、わたしを打つのか？』といわれたではありませんか？」と。しかし聖書のこの箇所をもっと注意ぶかく調べてごらんなさい。キリストはもう一方の頰だけでなく、むちうたれるために、十字架につけられるために、御自身のすべてを委ねていらっしゃるではありませんか。もう一方の頰を向けるということと、言によって叱責することとははっきり異なっています。クリスチャンは苦しまなければなりません。けれどもまた、悪いことは悪いといわなければならないのです。もしも追剝(おいはぎ)が森でわたしを襲って「おまえのマントはわたしのものだ」といったとしたら、わたしは「そのとおりです」などというべきではありません。それは犯罪に加担することです。手と口とは、はっきり区別する必要があります。手は与えても、口は賛成することができないのです。

同様に、この世がわたしたちの教えを非難してわたしたちの生命を奪おうとしたら、そのとき、わたしたちはどうしたらいいでしょう？ キリストのように、ただ頬を打たれるだけでなく、火あぶりになることを忍ぶとしても裁判官に、「わたしたちを火あぶりにするのは正しいことです」というとしたら、それはキリストを裏切り、キリストがそのために死なれたあらゆるものを否むことになります。わたしは体において苦しむことは忍んでも、恐れずに主の教えをのべつたえます。この聖書の箇所は、わたしたちに大胆でなければいけないと告げているのです。たとえ、処刑されてもわたしののべつたえていることは正しい――イエスは召使にそういわれたので、それこそわたしたちが専制者に対していうべき言です。悪魔はその王国の半ばを失ったほどに、致命的な打撃を受けたことでしょう。

ピラトの前における裁判（ヨハネ一八・二八―一九・一六）

ピラトはいった。「あなたがたは、この人に対してどんな訴えを起すのか」。

イエスを訴えた者たちは自分の良心だけでなく、異教徒ピラトによっても告発されたわけです。この慰めをわたしはトルコ人の十の王国とでも取り替えたくありません。ピラトに「この人に対してどんな訴えを起すのか？」ときかれて、かれらの良心は痛みました。わたしたちの場合にも同じことが起ります。わたしたちの反対者は、真理にさからってわたしたちを非難します。けれども、言い分をちゃんと聞いてもらえるなら、わたしたちの無実は明るみに出るでしょう。ユダヤ人たちは訴えを起しました。イエスがかれらの王だと称しているというのです。ピラトはそのことだけを重大視したのでした。イエスをおとしいれることにおいて、これほど効果的な非難はなかったでしょう。今日、福音が反逆的だといわれているのもそれと同じです。イエスを訴えた人々は、キリストが王となることを望んでいたもうという告発があたっていないことを知っていました。わたしたちの主もその御言のゆえに謀反人のそしりを受けなければならなかったということは、わたしたちにとっては慰めです。

ピラトはイエスを呼びよせてたずねました。「あなたはユダヤ人の王か?」と。イエスはかれに「あなたがそういうのは、自分の考えからか、それともほかの人がわたしのことをあなたにそういったのか?」とおききになりました。これは誇り高い言葉のように響きますが、そうではありませんでした。イエスはその告発を否定なさったのです。「あなたも、ピラト、はっきり知っているはずだ——わたしが王であるか、謀反人であるかを。わたしはあなたの良心を証人としたい。あなたは、これを自分からいっているのではない。あなたのまなざしがすでに答を出している。あなたの見るとおり、わたしは縛られている。わたしは命令一下、わたしのために剣をぬくような群衆に守られてはいない。わたしは囚人にふさわしく無力に見えるはずだ」。主はそういっていらっしゃるかのようです。ピラトはイエスの答が必要に迫られたものであって、傲慢ではないということを知っていましたが、この返事にいらだちました。わたしも皇帝に対して、こんなふうにいわなければならないのではないでしょうか。「陛下はこのことをご自分からいっておいでになるのですか、それともだれかほかの人が陛下にそう申し上げたのですか?」と。

ピラトはいいました。「わたしをユダヤ人だとでも思っているのか？　あなたの同族や、祭司長たちが、あなたをわたしに引き渡したのだ。あなたはいったい、何をしたのだ？」

主はこれにも見事にお答えになりました。「わたしの国は、あなたにも、皇帝にも、何の害もおよぼさない。わたしは謀反人ではない。それは、あなたが自分の目で見ればわかることだ」。

ついでイエスははっきりとおっしゃったのです。「わたしの国はこの世のものではない」と。これはたいへん危険な告白でした。というのは、こういわれたとき、主はかれが王であるということを否定なさるとともに告白なさってもいたのですから。イエスは、御自分が革命を起すためにきたことを認められました。それでいて、イエスは反逆者ではありませんでした。ただ、福音は変革なしにはこないのです。「あなたはわたしが平和をもたらすためにこの世にきたと思うのか?」と、かつて主はいわれました。「そうではない。分裂をきたすためにきたのだ」と。

ちょうど同じ意味で、わたしたちは革命家です。わたしたちは、すべての人はその領主に従えといい、その意味では平和的であり、誰とでもおりあって暮したいと考えています。わたしたちは平和を説き、平和を祈ります。わたしたちは皇帝をかれの王国において助けますが、わたしたちがキリストの王国はカール大帝の王国より高次のものだというとき、それは皇帝の帝国をくつがえす言葉です。生命と財産については、わたしたちは反抗せずにささげます。しかしその一方、福音を説くことによって人間の間に分裂をもたらすのです。キリストの教えはこの点が革命的なのです。父親が息子と異なった信仰をもっているということは革命的です。キリストは「わたしは火を投じてかれらの家を焼こう」とはおっしゃいませんでした。一つの家に分裂があるとおっしゃったのです。重点は子どもが親に従うべきではないということではなく、かれらが異なった信仰をもつだろうということにあります。福音は一つの王国です。それは革命をきたらせます。ただし、それは霊的な革命なのです。

ピラトはいいました。「過越の時には、わたしがあなたがたのためにひとりの人をゆるすのがあなたがたのしきたりになっている。ついてはあなたがたはこのユダヤ人の王をゆるしてもらいたいのか」。すると人々はまた叫んでいいました。「その人ではなく、バラバを」と。今日でも同じです。バラバのような人が市会議員に、司教に、執事に、主任司祭に任命されるのです。今日とキリストの時代とは違うと思ったら、大間違いです。わたしたちは悪魔があるじである宿屋に働いているのです。この世は宿屋のおかみさんです。この世の欲望はその宿屋の一家であり、そうしたもののすべてが福音に反対しているのです。この世が真理より殺人や姦淫や不信仰や奸計、ごまかし、欺瞞、嘘などを選ぶというのは恥ずかしいことです。この世は真理をもつよりも、みずからを血に浸したほうがいいと思っているのです。

「そこでピラトは、イエスを捕え、むちで打たせた。兵卒たちは、いばらで冠をあんでイエスの頭にかぶらせ、紫の上着を着せた」

この兵士たちは命令された以上のことをしました。主をむちで打っただけでなく、祭司長たちを喜ばせるためにイエスにいばらの冠をかぶせ、紫の衣を着せ、イエスの御言をたてにとって、「ユダヤ人の王」と呼びかけたのです。まるで田舎芝居のように冠を与え、皇帝まがいの衣を着せたのです。何という残忍な、しんらつな、悪意に満ちた、嘲弄の方法を考えたことでしょう！　福音にもいま、同じことが起っています。おそらく今後も起るでしょう。むちは体を痛めます。けれども嘲笑は心をふかく傷つけるのです。

ピラトはふたたびまた出て行ってユダヤ人たちに言った。「見よ、わたしはこの人をあなたがたの前に引き出すが、それはこの人になんの罪も見いだせないことを、あなたがたに知ってもらうためである」。

これは、イエスが罪をおかしていないということについての動かしがたい証言です。ピラトは一度、二度、三度、いえ、六度まで、イエスに何の罪も見出さなかったことを告白しました。今日のわたしたちも、わたしたちに反対する者でさえ、「受け入れる気はないが、間違ってはいない」といわざるをえないような教えをもちたいものです。

「ユダヤ人たちは彼に答えた。『わたしたちには律法があります。その律法によれば、彼は自分を神の子としたのだから、死罪に当る者です』」。

ピラトはますます震えおののきました。イエスを神の子と信じたわけではありませんでしたが、「ローマ人は多くの神々をもっている。この男が神の子でないとだれがいえよう？」こう考えたからでした。異教徒はしばしば、神が人間の形をとってあらわれたといっていました。それでピラトも、「もしもこの人が神の子だったら？」と心配になり、イエスにきいたのです。「あなたはだれか？」と。けれどもイエスは何もお答えになりませんでした。

そこでピラトは言った。「何も答えないのか。わたしには、あなたを許す権威があるのを知らないのか？」

ピラトは力を頼み、異教徒らしくいばりかえってたずねました。今日も、教会の中に権力をふるって意のままに教会を左右しようと思う人々がいます。キリストはもはや沈黙を守っていらっしゃることができませんでした。キリストは語るほうがいいと思われるときには語らず、沈黙しているのが無事だと思われるときに口をお開きになったのです。ピラトが権力をふりかざして問いかけたときにはイエスはかれに、「あなたには権力はない」といわれました。「あなたは上から賜わるのでなければ、わたしに対して何の権威もない」と。このことによってキリストは、この世の権威をもつ人々の前で真理を宣言しなければならないときには沈黙しているべきではないと教えてくださっているのです。キリストはしかし「ピラトよ、あなたはわたしに対して何の権威もない」とはおっしゃいませんでした。むしろ「あなたもいうとおり、あなたには権威がある。しかしもう一つ重大な点がある。あなたはそれを自分から得ているのではない。それはあなたに与えられているものなのだ」といわれました。この点に関して、キリストはピラトを叱責していらっしゃるのです。ピラトがあまりにも傲慢だったからです。わたしたちも、わたしたちのピラトを叱責しなければなりません。わたしたちは、皇帝や王侯の威厳をないがしろにしていると非難されます。けれども「めぐみふかき君よ、あなたのなさったことはまったく正しいことです」といえと命じられるとき、わたしたちには承服することができません。不正を忍ぶことと、沈黙を守ることとはちがいます。忍ぶことはしましょう。でも黙ってはいますまい——わたしたちは真理の証人にならなければならないのですから。もしも真理のために死ななければならないとしても、わたしたちは信仰の告白をなし、自分の口をもって嘘を非難しなければなりません。もしもわたしたちが王侯にむかって「あなたがたはクリスチャンらしく、霊の父たちらしく、ふるまっていません。むしろ殺意をもつ背信者、福音の敵として行動しています」。こういえば、反逆者と呼ばれます。それでもわたしは語らなければなりません。これが真理だからです。これにいいさからうものは、神にいいさからっているのです。これに反対するものは、福音の敵なのです。

　さてピラトにほんの少しでも勇気があったなら、イエスを釈放したことでしょう。他人に対して不当な行為をしてはならないということは、人情と理性の教えるところです。「わたしはあなたの牛を盗みましたが、それは自分のためではなかったのです。あなたの敵のせいです」といったところで何になるでしょう？　ピラトはあきらかに不当と知りながら、ユダヤ人のために、イエスを罪に定めました。なんとかイエスを釈放したいと思ってはいたのでしょうが。けれどもユダヤ人はいいました。「この男をゆるすなら、あなたは皇帝（カエサル）の味方ではありません」と。ユダヤ人たちは、はじめはイエスを王になりたがっているから不忠だといいました。ピラトがかれらの奸計を見ぬいたので、今度はキリストが神の子だと称していると非難しだしたのです。それもあまり強い印象を与えなかったので、彼らはふたたび最初の告発にもどり、王になりたいと思っているということは、ローマ皇帝に対して不敬にあたるといいつのりました。「万一この男を釈放するようなことをしたら、わたしたちはローマに手紙を書き、あなたを反逆罪で訴えよう」と。

　ピラトは弱気になりました。「皇帝の味方ではない」その一言で、人は秋の木の葉のようにちりぢりになるのです。肉と血は、皇帝の敵となることに堪えられません。ピラトはこの言葉によって、何が正しいかを見失ってしまいました。今日の世界にも熱心に福音をのべつたえながら、生命を賭ける気になれない人、福音のために手足を失うほどの熱意のない人々がいます。かれらはピラトにならいます。「わたしには子どももいることだし」などと。ピラトはもうそれ以上何もきかずに、裁きを下して、ユダヤ人にいいました。「これがあなたがたの王だ」と。まるで「恥を知りなさい」といっているように苦々しく。「本来ならば、あなたがたは武装して、わたしとわたしの部下をあなたがたの町から追い出して当然なのに。わたしはあなたがたの王をはりつけにしようとしているのだ。あなたがたはむしろかれをわたしの手から守るべきなのに、かれをここに連行し、わたしに処刑させようとしている。だが、わたしとしてはこの男をゆるしたいと思っているのだ」。ピラトはそういいたかったのでしょう。マタイによる福音書にはピラトが手を洗って、「この人の血についてはわたしには責任がない」といったと書いてあります。しかしピラトはけっきょく、キリストをユダヤ人にひきわたしました。ですからピラトもかれらと同罪だったのです――たとえキリストの無実を告白したとしても。

したがってキリストはかれの教えのゆえにではなく、ローマ帝国に対する反逆者として罪に定められました。福音は反逆のそしりに堪えなくてはならないのです。

4　十字架の刑

イエスはみずから十字架を背負って行かれた（ヨハネ一九・一七）

ヨハネによる福音書にはこう記されています。しかしほかの福音書には、主はそれ以上進むことができず、クレネのシモンが主にかわって十字架を負わされたと書いてあります。シモンが主に手を貸して十字架を負おうとしているところをえがいた画家たちは間違っています。主は町の門まではご自分で十字架を負われ、そこからシモンがかわって運んだのです。わたしたちはオリエントの人々ほど残酷ではありません。わたしたちは罪人を拷問する刑車をかれらに自分で運ばせたりはしません。けれどもこのことは、わたしたちの罪のあがないがいかに高価であったか示すために記されているのです。キリストは単に罪を定められただけでなく、十字架をご自身、運ばなければならなかったのでした。

シモンはゴルゴタ――されこうべ――と呼ばれる場所に行きました。ラテン語ではカルヴァリです。ここは刑場でした。イエスはここで、二人の罪人とともに処刑されることになっていたのでした。二人は追剝で、殺人犯でした。今日の世界だったらかれらは治安を乱す者として、剣で刺し殺されるか、八つ裂きにされていたでしょう。キリストはこの二人の盗賊のあいだにはさまれて十字架にかけられることになっていたのです。ピラトがこ

んなことを命じたわけではありません。兵卒たちが、大祭司の機嫌をとるためにこうしたのです。主は盗賊、謀反人、殺人者とともに十字架にかけられました。汚れなき神の子羊がこんな恥辱まで、忍びたまわねばならなかったのでした。わたしたち罪人のために。わたしたちの罪が主にかぶせられ、主を通じて多くの盗賊が罪を悔いて祝福を受けました。あの日、十字架にかかった罪人の一人のように。

主の十字架の上には、「ユダヤ人の王、ナザレのイエス」と記されていました。罪の性質を示す、こうした公示はよい習慣です。異教徒は法の行使について、たいへん真剣に考えていました。告発されずに有罪と定められる者はいませんでしたし、言い分を聞いてもらえずに処刑されることもありませんでした。処刑のとき絞首台の上や十字架の上に罪状を記した札がかかげられ、すべての人に知らされるというのは、この意味でよい習慣でした。キリストは、ユダヤ人の王だということで罪を得ました。今日でも画家たちは十字架の上に、「ユダヤ人の王」と書きます。十字架と死が誉れあるものと考えられるようになるとともに、それはいまでは名誉の称号となりました。しかしユダヤ人としては最大の告発のつもりだったのです。

「イエスの十字架のそばにはその母が立っていた」(ヨハネ一九・二五)

十字架上のイエスを見守りつつ、マリアはどんなに苦しい思いに堪えていたことでしょう。刑場に引かれて行くわが子のあとに従って、その苦しみのさまをつぶさに見とどける母親、こんな痛ましい女性が歴史上いたでしょうか。マリアはイエスがいばらの冠をかぶせられるのを、つばを吐きかけられるのを、そして十字架につけられるのを見ました。シメオンのいったように、剣はたしかにこの母の胸を刺し貫いたでしょう。母親というものは子どもが腰掛けから落ちるのさえ、ちょっと耳たぶから血を流すのさえ、見るに堪えないものです。マリアは苦しみを口でいいあらわすことはできませんでしたが、わが子があらゆる呵責を忍ぶのを見守り、人々がかれに酢を飲ませ、その衣を賭けてさいころを投げ、嘲弄するのを聞いていたにちがいありません。聖霊はマリアに慰めを与えたことでしょうが、ほかの母親たちなら気を失ったでしょう。またキリストにとっても、母の苦しみを見ることは最大の苦しみの一つだったにちがいありません。主の苦しみにおいて何ものも欠けないために、そうした苦しみまでが加えられたのです。

盗賊の一人の場合に、わたしたちはイエスのゆるしの一例を見ます。この盗賊はもう一人の仲間を叱っていいました。「おまえは同じ刑を受けていながら神を恐れないのか？」これは単純な言葉です。しかしこの盗賊の心は、天地よりも大きかったのです。かれはイエスの弱さを見ず、目に見えないもの、このキリストが王であるという事実を見てとっていたのです。この盗賊のような形で救われることを恥じるにはあたりません。かれはキリストの受難を通じて新約聖書の最初の聖者となったのでした。キリストは十字架上でかれのために祈られました。わたしたちもかれにならってクリスチャンになることができます。神の恵みによってどうかそうなれますように！

しかしかれの例は、そうたやすく真似のできるものではありません。キリストのもとに行きたいと思う者は自分が罪人であることを感じ、また信じなければならないのです。この点、この盗賊の信仰はわたしなどにはおよびもつかぬほど、すばらしいものです。盗賊は自分に罰がふさわしいことを認め、喜んでそれを受けました。「わたしはこの罰にふさわしい人間です。それを担うことをうれしく思います」といっているかのように。そういえる人はすでに死を征服しているのです。それのできない人は大いなる危険の中にいるのです。盗賊はただ信じて祈るだけでした。断食もせず、巡礼にも行きませんでした。かれは主を仰いでいいました。「主よ、御国にお入りになるとき、わたしをお覚えください」。これは信仰の言葉です。盗賊はキリストが王であることを告白し、自分についてはただ覚えていていただきたいとだけ願ったのでした。

そのとき、イエスはいわれた。「父よ、彼らをおゆるしください。彼らは何をしているのか、わからずにいるのです」(ルカ二三・三四)

だれが、これほどの愛をいいあらわすことができるでしょう? イエスの心は、測りしることができないほどの愛の火に燃えていました。苦しみを受け、恥を負いながら、イエスはまるでそんなものを感じておられないかのようにふるまわれ、わたしたちの罪と、神の怒りをのみ、考えていらっしゃったのです。これが愛でなくて、なんでしょうか? イエスは、わたしたちの罪の重さに苦しみもだえ、恥を忍び、血を流されました。しかもなお主はいわれたのでした。「父よ、かれらをおゆるしください。彼らは何をしているのか、わからずにいるのです」と。ここには、霊の目のみが見分けることのできる美があります。イエスは盗賊、ならず者、救いがたい罪人と見なされました。しかもその心のうちは太陽のような輝きに満ちていたのです。

地上の全面が暗くなった(マタイ二七・四五)

暗闇は午前十一時から二時まで三時間つづきました。主は「エリ、エリ、レマ、サバクタニ」と叫ばれました。肉体の苦悶ばかりでなく、人々の嘲弄が主の心を痛めつけていた

のでした。「かれは神に依り頼んでいた。神に救ってもらえばいいではないか」。こうしたとげのある言葉が主の心を突き刺していました。主は神に見捨てられたとお感じになっていたのです。「神は正しくましいます。正しい人間をお見捨てになることはないだろう。とすれば、おまえは神の敵ではないのか」と。理性は外見にもとづいて、つねにこうした結論を導きだします。ユダヤ人は論じあいました。「神はかれが十字架にかかることを認められた。したがってかれは救いがたい異端者にちがいない」。そのような言葉は、キリストの心をさいなみました。わたしたちは、キリストが本当の意味で人間であられたことを思い出さねばなりません。もしも悪魔がわたしに、「おまえはわたしのものだ」といったとしたら、わたしは絶望してしまうでしょう。キリストが経験なさった苦しみがいわせたのでした。「わが神、わが神、どうしてわたしをお見捨てになったのですか」と。剣が自分の頭の上にふりかざされるのを見て人が絶叫するように、キリストも死の苦悶を言葉にあらわされました。この叫びにおいて、主はほかの人間と変りなく真の人間であられました。言葉による迫害は打擲（ちょうちゃく）よりはげしく主を打ちました。神を知らない者が毒々しい嘲弄でわたしたちを非難し、神の怒りはおまえにこそふりかかるのだろうというとき、わたしたちの心もなえ衰えます。

暗黒の三時間は恐ろしいものでした。キリストには、自分のゆえに神が太陽の光を消し去ってしまわれたかのように思われました。だからキリストは「わが神、わが神」と叫ばれたのです。ユダヤ人はその死の絶叫におそれをなして当然だったでしょうに、ますますかたくなになって、いいました。「生ける神ご自身がこいつの敵なのだ。だからかれは死せるエリヤを求めているのだ」。そうした言葉は肉体の苦痛より心を刺したでしょう。主は真の人間として、すべての苦しみをひしひしと感じとられたのです。

するとすぐ、彼らのうちのひとりが走り寄って、海綿を取り、それに酸いぶどう酒を含ませて葦の棒につけ、イエスに飲ませようとした。(マタイ二七・四八)

何という嘲弄でしょうか! イエスを力づけ、慰めるのが当然でしょうに。悪魔はそのすべての怒りを、人の子に注ぎかけていたのです。およそ人の死についての記録のうちにもこれほど恐ろしい一節はありません。神に捨てられ、すべての被造物に捨てられた人が、酢による慰めを受けるとは。

イエスはもう一度大声で叫んで、ついに息をひきとられた(マタイ二七・五〇)

たとえ動物が苦しんでいるときでも、見ている者は深いあわれみに誘われるでしょう。罪なき者、しかも神の子が苦しんでおられたのです! このことを思うとき、神の御子である万物の創造者が死の苦悶の声を発せられたことを思うとき、わたしたちの心はりさけそうになります。これは理解を、常識を絶しています。一生かかっても、わたしたちはこのことの深刻さを測り知ることができないでしょう。

けれどもわたしたちはキリストがどんなふうに苦しみたもうたかということでなく、なぜ苦しみたもうたかということに注意を集中しなければなりません。その答は、「わたしのために」です。わたしこそ、おのが罪のゆえに神を敵に回して然るべき者、神に嘲られて当然のはずの人間です。わたしが叫ぶとき、太陽が輝かず、地がわたしの体を支えてくれないとしても、岩が裂けるとしても、当然でしょう。罪があきらかにされるとき、良心が痛むとき、そのとき、人はキリストが忍ばれた苦しみのすべてを見出すのです。そのとき、人もいうでしょう――「どうしてわたしをお見捨てになったのですか？」と。したがって、キリストが忍びたもうたすべては、わたしたちの魂との関連において捉えられるべきことであって、キリストの受難をありがたく思えば思うほど、わたしたちはそこに自分の罪の深さを見ずにはいられません。けれどもわたしたちはあえていいます。「夜がきてもわたしは死の恐怖を恐れません。たとえ太陽が輝かなくなっても、死のかげの谷を歩むときにも、わたしはわざわいを恐れません。あなたがわたしとともにいてくださるからです。たとえ地がわたしを責めて叫んでも、わたしは恐れません。キリストがすでに死を征服してくださったことを知っているからです」。

神殿の幕が上から下まで真二つに裂けた。また地震があり、岩が裂け、墓が開けた（マタイ二七・五一）

神殿の幕が裂け、真暗闇が光となりました。幕がかかっているあいだは福音は隠され、おおっぴらには説かれません。しかしキリストの死とともに、古きアダムであったもののすべてと律法は死に、なげうたれました。もはやわたしの目には、怒れる裁判官の姿はうつっていません。わたしは神がわたしのために御子をくださったことを知っています。わたしはいま十字架のうちに、燃えるような愛、父なる神の熱い愛を見ているのです。

地震があった（マタイ二七・五一）

神殿の幕が裂け、父としての神が明らかにされたとき、全地は震えました。今日も福音がのべつたえられるにつれて全地は震えおののき、世界はわたしたちを迫害します。岩が裂けたということ――これはこれまで律法のもとにあった心が裂けたということです。聖書は、岩のようにかたくなな心について語っているのです。恵みが説かれるとき、かたくなな心は福音の力を通じて、愛によってはりさけます。

墓が開けた（マタイ二七・五二）

主の死は死を呑み、百卒長は思わずいいました。「まことにこの人は神の子であった」と。主は驚くべき王者でありたまいます。他の王は生きているあいだに強いのですが、主は死において強くいましたまいます。生きているあいだ、かれは踏みにじられ、かれの敵はその生命を奪いました。主がなくなられたとき、この百卒長は震えおののき、主を信じようという姿勢をあきらかにしたのでした。キリストの血は死んだ体だけでなく、とらわれている魂をもよみがえらせます。弟子たちは逃げ去りましたが、百卒長は祭司長たちをおそれることなく、ピラトや議会が何というかも考えずに、キリストを主と告白したのでした。ここで勝利しているのはだれでしょうか？　異教徒の百卒長に新しい霊を与えたもの、それはキリストの死だったのではないでしょうか？　人間を大胆にし、キリストを告白させるのはこの受難のもつ力です。わたしたちはこのことから、死によってキリストが生命と死の主になりたもうたということを悟るべきです。とすればわたしたちは、生きていても死んでいても神の御手の中にあるわけです。

夕方になってから、アリマタヤの金持で、ヨセフという名の人がきた（マタイ二七・五七）

アリマタヤのヨセフは、イエスが生においてよりも死においていっそう強くいましたもうということを知り、イエスへの信仰を告白しました。かれはイエスの弟子でしたが、以前はとても臆病でした。彼はサンヘドリンの議員でした。マルコによる福音書によれば、イエスについての決議がなされる日、ヨセフは勇気がなかったためにこの決議が間違っているということができずにサンヘドリンを欠席したようです。しかしキリストがなくなられたいま、かれは主の亡骸をひきとろうと申し出ました。教会と国家の指導者たちにさからってそんなことをいいだすのは勇気の要ることでした。今日だれかが皇帝にさからってそんなことをしたらどうなるでしょう? イエスの亡骸を自分のもっている墓地にねんごろに葬ったというのは、ヨセフがキリストに対していだいていた敬意のあらわれです。そうした勇気は、イエスの死によって生じたのでした。

キリストの受難について、ここでちょっと思いをひそめたいと思います。ある者は単にユダとユダヤ人を罵るという誤った反応しか示さず、ある者は水から、火から、剣から、自分自身を守るために十字架をお守りのように身につけ、キリストの苦しみを護符のようにしています。あるものは涙を流してそれで終りです。しかし受難に真に思いをひそめる人の心は打ち砕かれ、良心に刺されます。あなたはひとり子をさえ惜しまないほどに罪を憎みたもうた神の激しい怒りに圧倒されなくてはなりません。神のひとり子がそのようにうたれるとしたら、罪人は何を期待すべきでありましょうか? 神の御子がそのように苦しまれるとすれば、それは口にいいあらわしえぬほどの、堪えがたいほどの愛に違いありません。このことを考えれば、あなたはおののき震えずにはいられないでしょう。考えれば考えるほど、あなたは戦慄するでしょう。

このことをよく心に刻みつけ、キリストを殺したのが自分自身であることを疑ってはなりません。あなたの罪がたしかにキリストを殺したのです。釘がキリストの手を刺し貫く

とき、その釘を打ちこんでいるのがあなたであることを感じ、いばらが主の額を裂くとき、あなたの悪しき思いがそのいばらであることを悟りなさい。もしも一つのとげがキリストの額を裂くなら、あなたは百本のとげに刺されて当然なのです。

こうした瞑想の価値は、人が自分自身について知って失望し、戦慄するということです。そうしたおののきを感じないほど固い心の人は、心を柔軟にしていただくこと、キリストの苦しみについての思いを実りあるものとしていただくことを祈り求めなさい。神が促してくださるのでなければ、わたしたちは自分の力では、それについて然るべく思いをひそめることとさえできないような者なのですから。

けれどもキリストの苦しみについて一日でも、一時間でも、たとえ十五分でも正しく瞑想するならば、それはたしかに一年を断食に費すより、何日も詩篇を誦しつづけるよりも、そうです、百回のミサよりもまさるものでしょう。なぜならこうした思いが全人間を変え、人を新たなものとしてくれるからです。かつて洗礼を受けたときに新たなものとなったように。

そのようにしてキリストについての思いがあなたの心のうちにしっかり根をはったならば、また恐れでなく、愛からあなたがひとたび罪の敵となったならば、聖なるささげものとしてはじまったキリストの苦しみは、あなたの手本となるでしょう。苦痛と病気があなたを襲うとき、それがキリストのとげにくらべて、またキリストの手足の釘にくらべて、いかに小さな苦痛であるかをお考えなさい。あなたにさからう者がいるとき、キリストがいましめられ、ひきずられたもうたことを思い出すのです。誇りがあなたを悩ますとき、キリストが盗賊とともに嘲られ、さげすまれたことを思ってください。あなたの肉をけがれた欲がさわがすなら、かれの体がいかに鞭うたれ、刺され、撃たれたかを思い出すことです。憎しみ、嫉妬、復讐があなたを誘うなら、キリストがあなたのため、またすべてかれの敵のために涙をもって取りなしてくださったことをお考えなさい。あなたがうたれ、進むべき道も見出しえないとき、勇気を出していうのです。「主が血の汗を流したもうたのだ。わたしが苦しむのは当然ではないだろうか？」

キリストの十字架の意味が忘れられようとしているのはまことに驚くべきことです。なぜなら、だれも苦しむことを願わず、自分を楽しませることをのみ考え、十字架を避けているということは十字架を忘れていることではないでしょうか？　あなたは、キリストとともに、苦しみを味わわなければなりません。キリストはあなたのために苦しまれました。あなたも自分のためだけでなく、かれのために苦しむべきではないでしょうか？

旧約聖書の二つのテキストが、キリストにぴったりあてはまります。その一つは、「あなたは人の子らにまさってうるわしく」（詩篇四五・二）であり、もう一つは「かれにはわれわれの見るべき姿がなく」（イザヤ書五三・二）です。あきらかにこの二つはそれぞれ異なった意味において理解されるべきものでしょう。肉の目には、イエスは人の子のうちでもっともいやしむべき者、嘲笑の対象でありました。しかし霊の目には、かれほどうるわしいものはこの世にないのです。肉の目はこのことに気づきません。ではこのうるわしさの性質とはどういうものでしょう？　それは知恵と愛、理解の光、魂の力です。なぜなら苦しみにおいて、死において、キリストは理解を飾るすべての知恵と真理を示してくださったのですから。知恵と知識のすべての宝はキリストのうちに隠されています。それが隠されているのは、霊の目にしか、見えないからです。

もっとも偉大なこと、すばらしいことは、キリストの愛のすばらしさです。キリストのいやしい姿、かれに対する世の人の憎しみ、受難における痛みと対照的な、かれの深く大きな愛です。この愛においてわたしたちは、自分自身をも、神をも知るにいたるのです。キリストのうるわしさはキリストのものであり、それを通じてわたしたちはかれを知ります。そのいやしさと苦しみは、じつはわたしたちのものであって、そのいやしさにおいて、苦しみにおいて、わたしたちは自分自身を知るのです。キリストが肉において苦しみたもうたことに対応して、わたしたちも霊において痛みを知らなくてはなりません。キリストはまことにわたしたちの咎を負うてくださいました。とすれば、そこにあなたは自分自身の姿が鏡に映るようにまざまざと映しだされているのを見るのです。あなたは罪によってみにくい姿となり、めちゃめちゃに切りきざまれています――ちょうどいまあなたが見ているキリストの姿のように。そんな自分の姿をあなたは知らなければなりません。

わたしたちはキリストの何千倍も苦しんで当然です。キリストは神でありたまい、わたしたちは塵にも、灰にも、ひとしいのですから。けれども事実はその反対です。苦しむ必要のないキリストがわたしたちの苦しみをひきうけて、わたしたち以上に苦しんでおられるのです。どんなにふかい理解をもってしても、またどんなに雄弁な舌にも、また筆にも、キリストの受難の意味を表現することはできません。人はただ、内なる深い感情から、はじめてそれをいささか理解することができるのです。

5 復活

空虚な墓

「だれがわたしたちのために、墓の入口から石をころがしてくれるのでしょうか」（マルコ一六・三）

墓守たちを追い払って墓石の上にすわっていた天使の姿はなく、女たちはこくまるがらすのようにあたふたして、「だれが墓石をころがしてくれるだろうか」と気をもんでいました。せっかくきたのに何もできずにすごすごと帰ることになるのではと心配していたのです。主に対する大きな愛が女たちを墓に向かわせたのですが、見ると墓石はころがされ、墓守の姿は見えませんでした。女たちはこれを、よくないことが起ったしるしだと思いました。ユダヤ人が主の亡骸を隠してしまったのではないかと考えたのです。女たちは重い心で墓の中に入って行きました。すると輝く衣を着た二人の人がかの女たちの前にあらわれました。女たちはおびえて、かれらの顔をまともに見る勇気がありませんでした。その輝かしい天使はいいました。「なぜ、生きている方を死人のうちにたずねているのか？」

「イエスはここにはおられない」(マルコ一六・六)

クリスチャンはキリストのいらっしゃる所にこそ、いるべきです。もしもキリストが墓におられないとすれば、クリスチャンもそこにいるべきではありません。キリストも、クリスチャンも、一定の規則の枠の中には見出されないのです。主は墓の中にはいたまいません。墓の中には亜麻布が残っているばかりでした。墓の中に残されたもの、それはこの世の正義、知恵、敬虔、律法といったものです。あなたは地に属するそうしたもののうちに、主を求めるべきではありません。戒律がきびしいので知られているカルトジオ修道会の修道士の衣のうちにも、断食や徹夜、祭服のうちにも、キリストはいましたまわないでしょう。そうしたものはすべて墓に置きざりにされる亜麻布です。教父たち、法学者たちのすべての習慣や方法その他も、墓に残される亜麻布にすぎません。キリストは墓の中にはいたまわないのです。主が屍衣をまとっていたもうはずはありません。クリスチャンも同じです。

しかしある者はこのことから、異なった結論へと飛躍するでしょう。過激な人々はいうかもしれません——それでは、クリスチャンはすべてのものの上にあって、何ものにも縛られないわけだ。つまり好きなことをしていいわけだと。農民は農民戦争において、そうした、ほしいままな行動に出ました。かれらは城を、修道院を破壊し、穴蔵のものを掠めとり、しかもそうした行動をクリスチャンの自由と呼んだのです。けれども、修道院を掠奪することや、政府をないがしろにすることによって、クリスチャンとなれるわけではありません。クリスチャンはその身分にかかわらず、つまり貴族だろうが、農奴だろうが、王侯だろうが、召使だろうが、女主人だろうが、はしためだろうが、たしかに地上のあらゆるものの上にあります。かれがクリスチャンであるのは、ひとたび死んでよみがえり、

墓場に、ここに、いたまわないお方によりすがっているからです。

けれどもクリスチャンはほかの人々とともに生きなければなりません。わたしの体はクリスチャンになっても妻子や家をもち、衣服をまとい、食べものを食べなければなりません。神は福音によってこの世の秩序がくつがえされることを意図なさらず、人間の手と足を、創造なさったままに保ちたまいました。わたしはキリストを信じてはいますが、自分の国を祖国としています。ただわたしはそこでは客人なのです。ですからわたしはほかの人と同じように行動し、この世の正義を支持し、平和の維持に助力し、加えて自分は自由の身であっても、すべての人の召使とならなくてはなりません。わたしには手足が、舌が、目が、耳があります。それらすべてはわたしに属し、わたしはそれらをもって神に仕え、他の人を助けることができるように生きなくてはなりません。

過激な人々もこのことをこそ説くべきであって、すべてを混同すべきではないのです。かれらは外的な自由を求めています。けれどもクリスチャンの自由はこの世に属するものでなく、よりよい国に属するものなのです。してみると、あなたが夫であれ、妻であれ、息子であれ、娘であれ、領主であれ、召使であれ、あなたの義務をはたすことです。この二つの王国をはっきり区別するのはたいへん困難です。

さて女たちはおじおそれつつ、町に帰りました。かの女たちは天使を見たのですが、天使の言葉に耳を傾けることをしませんでした。死の危険を感じている者には、生命の言はなかなか理解できないのです。

使徒たちは女たちから、主の墓の石がころがされ、天使があらわれたということを聞きました。石がころがされていたということは容易に信じられましたが、キリストが生きていらっしゃるなんて、愚かしいほら話だと思われました。「あなたたちはばかだ。夢でも見ていたんだろう」――使徒たちは女たちにむかって、そういったにちがいありません。使徒たちに生けるキリストが見えなかったのは、死んで墓に葬られたキリストがかれらの心につよく印象づけられていたからです。人々が意気消沈しているときにだれかが思いがけないことをいえば、夢物語でもしているのだろうといわれるのが落ちでしょう。

マリアはペテロとほかの弟子たちにいいました。「だれかが主を墓から取り去りました。どこへ置いたのか、わかりません」（ヨハネ二〇・二）。ほかの女たちも同じことをいいましたが、弟子たちはやはり信じませんでした。それで女たちもやがて、天使を見たと思ったのは気の迷いだったのだろうと考えるようになりました。そんなわけで、天使の言はむなしくなってしまったのです。ただマグダラのマリアだけが、「だれかが主を墓から取り去りました」といいつづけました。

そこでペテロとヨハネが墓に行きました。ヨハネはこのいきさつを記述するにあたって、ペテロの名を自分の名より先に記しています。教皇主義者たちはこのことからペテロがヨハネより地位が上だったのだと推測していますが、ヨハネとしては当然自分の名を後に書いたのです。さて、二人は墓に行って、主の亡骸がだれかに取り去られたというマリアの言葉がほんとうだったということを確認しました。ペテロは考えました。「キリストが亜麻布をこんなふうに残されたはずはない。これはユダヤ人のしわざにちがいない」。さらにイエスの頭に巻いてあった布を見て、二人はこうした推測が裏書きされたと思ったのでした。ペテロとヨハネは聖書が主の復活を予言していることを信じなかったのです。二人は町にもどりました。

ヨセフの庭園で

女たちはペテロとヤコブとともに、だれがイエスの亡骸を取り去ったのかということについてあれこれ臆測しました。ユダヤ人が奪ったのだろうか、ピラトだろうかと。主が復活されたなどとは、だれもまったく考えていませんでした。ほかの女たちは立ち去りましたが、マグダラのマリアは庭園に残りました。女性は男性よりずっと一途です。マリアはなお墓のそばにとどまり、何度か中をのぞくうちに二人の天使を、そしてついに主ご自身を見ました。それが主だということはわからなかったのですが。主がまずマグダラのマリアに、つまり女性にあらわれたもうたということは深く考えるべき事柄です。天使のすばらしい知らせは、まずより弱き器にあきらかにされたのです。福音に耳を傾ける人間の典型が女性であるということは、大いなる慰めです。御言を聞いた女性たちのうちには、悪魔のすべての攻撃にびくともしない、御言からひきだされた大いなる力があったのです。福音を受けいれるのはマグダラのマリアのようなむしろ弱い人々です。かの女たち自身は弱くても、かの女たちが聞いた御言は死と罪の縄目を断ち切る力をもっていました。

マリアはキリストを園の番人だと思いました。「もしあなたが、あのかたを移したのでしたら、どこへ置いたのか、どうぞ、おっしゃって下さい。わたしが引き取ります」(ヨハネ二〇・一五)。それからマリアは主と気づいてその足もとにひれふし、主にさわろうとしたのでしょう。するとイエスはいわれました。「わたしにさわってはいけない」。

「わたしにさわってはいけない」(ヨハネ二〇・一七)

力ある説教を聞きたいと思う人は、この御言にもっぱら耳を傾けてください。わたしには、その意味を十分にきわめつくすことができません。「わたしにさわってはいけない。わたしはまだ父のみもとに上っていないのだから。ただわたしの兄弟たちの所に行って『わたしは、わたしの父、またあなたがたの父であって、わたしの神、またあなたがたの神であられるかたのみもとへ上って行く』と彼らに伝えなさい」。マグダラのマリアがイエスにさわることを許されなかったのは、かの女がまだ信じていなかったからでした。マリアはキリストが生きかえって、そのままこの世に生きつづけたもうのだと思いました。しかしキリストはマリアに、もはや友人たちのあいだにおけるような接触はないとおっしゃったのです。「わたしはもう塗油を必要としないのだ」と。こうした御言によってキリストは、地上のすべてのものに別れをお告げになりました。ちょうどイザヤがいったように、生ける者の地からしりぞきたもうたのです(イザヤ書五三・八)。主とこの世との間はたたれました。分けられました。

マリアはしかし、しりぞけられたわけではありませんでした。主はマリアにいわれました。「わたしの兄弟たちの所に行っていいなさい」と。主はまず別れを告げて、あなたとはもうかかわりはないといわれましたが、すぐまた、すべてのものをあなたに与えようとおっしゃっているのです。この二つの御言はまったく矛盾しています。まずさわってはいけないといわれ、ついでわたしはあなたの兄弟だといっておられるのですから。兄弟であるとすれば、さわることができるだけでなく、抱擁しあうこともできるはずです。これはふしぎな御言です。まず主はマリアに、近よってはいけないといわれ、今度は「いもうとよ！」と呼びかけておられるのです。それはすばらしいことです。わたしにはそれについて、然るべく語ることができません。「行ってわたしの兄弟たちに告げなさい」。この御言の意味を考えてみましょう。キリストは死んで葬られ、死人のうちからよみがえり、地上の生活を後にされました。兄弟も姉妹もなく、だれをも認めようとせず。これなら明快です。まるで主が「わたしには、地上にはだれもいない」といわれたかのようです。ところがそのすぐあとで、兄弟たちとおっしゃっているのです。とするとここでは、天上的な要素と地上的な要素が一つに結ばれているに違いありません。クリスチャンとなりたいと思う人はこの御言を学ぶべきです。「あなたがたはわたしの兄弟である」。

「兄弟」とはどういう意味でしょう？　弟子たちはみな逃げ去りました。かれらには主の召使となる資格さえないように見えました。主がマリアを立たせて、「兄弟たちのもとに行っていいなさい」といわれたと聞いて、かれらの心は喜びにおどったことでしょう。その言葉の喜ばしさは、多くの者を死人の中からよみがえらせるほどのものだったにちがいありません。それを信じることができさえしたら！　「わたしの兄弟」――ただその御言を信じるだけでいいのです。しかしどのようにして？　ペテロは否みました。他の弟子たちは脱落しました。そんなかれらに、どうして兄弟と呼ばれる値打ちがあるでしょう？　兄弟であるとは、キリストと同じ王座を、また権利をもつことです。ただキリストが多くの兄弟たちの長兄であるということを除いては。継承権においては同じなのです。兄弟であるとは君主でもなければ、召使でもないということです。聖書の中でも、この「わたしの兄弟たちの所に行って」ほど、すばらしい言はないとわたしは思います。

もしもフランス王、あるいはイギリス王が、「あなたはわたしの兄弟だ」と本心からいうとすれば、そういわれた人は、「わたしに危害を加える者は国王の兄弟に弓を引くわけだ。また国王がすわるところ、食べるところ、休息するところにわたしもまたいるのだ」と考えるでしょう。しかし福音書の中で兄弟について語っておられるのが主イエスなのだということには、だれも思いいたっていません。なぜならこの場合、兄弟と呼ばれることは、だれも理解しかねるほど、高い地位の君主となることなのです。キリストが、すべてのものの君主でありたもうお方が、そう呼んでいらっしゃるのですから。もしも主の兄弟であるなら、わたしたちもかれと同じものをうけつぎ、同じ権利をもつわけです。もちろん、わたしたちはキリストご自身ではありませんが、わたしたちも同じ特権をもつのです。キリストが父のみもとにのぼりたもうからには、父と、子と、子の兄弟たちは、一つとなるわけです。そう信じることができる者がクリスチャンなのです。

エマオへの旅

復活に関する記述を信ずるにあたっては二つの困難があります。一つはそのこと自体が圧倒的なので、現在のこの生の中において、わたしたちには十分にそれが理解できないということです。たとえ信仰が強くても、人間的弱さがなくても。しかしじっさいにはわたしたちにはまさに弱さがあるのです。これが第二の困難です。第一の困難は神にも減ずることがおできになりません。復活という神のみわざは大いなるものであり、つねにそうあるべきものであって、それから何かが取り去られることはありえません。これは神の御力そのものであって、その前にはすべての被造物――人間も、天使も、悪魔も――また地獄も、おそれおののき、敗北するでしょう。そうでなかったら、わたしたちはいつまでも神の永遠の怒りと、罪と死のもとにとどまらなければならないでしょうから。しかし第二の困難については――すなわちわたしたちの人間的弱さのゆえに復活という大いなるわざと力を信仰において理解することができないということについては、神は大目に見て、忍耐してくださいます。キリストは、主の復活について聞きながら疑いをもち、キリストご自身にそのことについて問うた弟子たちに対して、あくまでも忍耐強くありたまいました。「わたしたちはイスラエルを救うのはこの人であろうと、望みをかけていました」と二人の弟子は、主とは知らずに主にむかっていったのでした。

キリストはこの弱い信仰の二人の弟子に対し、何とこまやかな心づかいをもってご自身をあきらかにしていらっしゃることでしょう。主はその弱さを助け、信仰を強めようと、あらゆることをなさっています。主は、なぜ、かれらがそんなに心を悩ましているか、何を考え、何を望んでよいのかもわからずに他の弟子たちから離れてどうしてこんな所にきているのか、ちゃんと見通していらっしゃったのです。主は疑いと苦しみの中にかれらを残しておくことを望まれず、かれらを助けようとなさいました。だから途中でかれらの道づれになられたのです。ほかの弟子たちも思い悩み、弱い信仰をもてあましていましたが、主はかれらをさしおいて、この二人を助けにこられたのでした。二人が不信という危険な状態にありましたので、イエスは二人とともに道を歩まれました。ほかに何もなさることがないかのように、ひたすらともに歩まれました。イエスは聖書を引用して二人といかにも親しく話をされ、議論をなさったので、二人は同じ宿に泊って食事をともにしていただきたいとお願いしました。そのうちにかれらの心に信仰が目覚めて、疑いは消え、二人はこの客がかれらのよく知っている、そして三日前に十字架にかかるのを見たキリストであることに気づいたのでした。それまでは疑いと弱さのために、それと認めることができな

かったのです。

それから、彼らは行こうとしていた村に近づいたが、イエスはなお先へ進み行かれる様子であった。そこで、しいて引き止めて言った。「わたしたちと一緒にお泊まり下さい」（ルカ二四・二八―二九）

「わたしたちとお泊まりください」というのは善良な人々の願いです。神は、かれらがキリストをこのように招くのをおゆるしになりました。もっともかれらはまだ、このことがかれらの救いとなることを知らなかったのですが。そうした祈りはよい祈りです。けれどもそれを求める手段を、神はしりぞけたもうことがあります。神はしばしばべつな、もっとよい手段によって、わたしたちを助けてくださるのです。

イエスは彼らとともに泊まるために家にはいられた。一緒に食卓につかれたとき、パンを取り、祝福してさき、彼らに渡しておられるうちに……（ルカ二四・二九―三〇）

パンは福音です。キリストが苦しまれたうえで栄光にはいられねばならないということを意味しています。イエスは言でいわれたことを行為であきらかにされ、手ずからパンをさき、これを聖めて二人の弟子にわたされました。すなわちかれらに受難のキリストをわたされたのでした。

彼らの目が開けて、それがイエスであることがわかった。するとみ姿が見えなくなった。（ルカ二四・三一）

なぜ、主の姿は見えなくなったのでしょう？　キリストと神の善があきらかにされ、わたしたちの良心が慰められるとき、主はわたしたちのもとから去りたもうのです。二人の弟子たちは主を見失いました。けれども主が近くいましたもうという意識を、二度とふたたび失うことがありませんでした。主の存在は主の御言と同様、したわしいものです。けれども主が姿を消したもうとき、十字架のイメージがあらわれて、わたしたちは主が遠くに去ってしまわれたかのようにおののき震えます。主は、御言が攻撃されずにすむようには計らっておられません。主はパンをさいた後、姿を隠してしまわれます。

そして、すぐに立ってエルサレムに帰って見ると……（ルカ二四・三三）

この意味は、福音が知られていないところでは、人は黙してはいられないということです。福音は、すべての人にのべつたえられずにはやまないのです。

弟子たちの集まっているところにあらわれて主はいわれました。「なぜ、おじ惑っているのか。なぜ、心に疑いを起すのか」と。そして手の釘のあとをお示しになったばかりでなく、何か食べものがほしいといわれたのでした。そうなさる必要があったからではありません。弟子たちのためにそういわれたのでした。かつてイエスは食べる必要があったときに神を試みることをお望みになりませんでした。ですからそのとき、主は奇跡をおこなわれなかったのでした。わたしは律法のもとにはいません。わたしの心は自由です。けれどももしも〔急進的な人々が〕灰色の衣を着るなら、わたしも灰色の衣を着ることができます。それを着ることがよいことだからというのではなく、わたしの隣人のために。

「そこでイエスは、聖書を悟らせるために彼らの心を開いていわれた。『こう記してある。キリストは苦しみを受けて、三日目に死人の中からよみがえる。そして、その名によって罪のゆるしを得させる悔改めが、エルサレムからはじまって、もろもろの国民に宣べ伝えられる』」。これは、すべての人が罪人であると教えられねばならないということです。すべての人が神の栄光を受ける資格のないものとなっているのです。ですから「われらの父よ」と五回唱えて修道士の衣を着ても、心は少しも変っていないのです。心は変えられなければなりませんし、よい心にならなければなりません。内なる悔改めが起る必要があります。

復活に関する事柄は、もっとも重要な、しかしもっとも信じがたい事柄です。ほかにも理解しにくいことはありますが、復活の理解の困難さは何ものにもまさっています。なぜなら、わたしたちの経験と、これほど矛盾することはないからです。というのは、わたしたちはさまざまな人の死のさまを見、体が痛めつけられるのをこの目で見ているからです。ある人は野獣に殺され、ある人はハンガリーで片足を失い、ある人は火あぶりになり、ある人は溺れ死にました。それなのにわたしたちは失われた手や足が合せられ、以前と同じ体、同じ目をもつといったことを信じているのです。異なった姿かたちにおいてであるとはいいえ。

このことを考えるとき、あたかも復活の事柄はまるで事実無根であるか、少なくともきわめて不確かであるように思われました。ただごく少数の人々だけがほんとうに信じたのでした。ユダヤ人の中でも復活や、天使を信じているのは、ほんのわずかだけでした。サドカイ人は信じませんでした。理性はこのことには触れません。ですからわたしたちは、このことについては聖書に聞かなければならないのです。

わたしは経験から、わたしが御言を愛していないときにこそ、悪魔がわたしを効果的に打ちくだくことができるということに気づきました。悪魔は神が、キリストが、ほんとうにいましたもうか、ついにわからなくなるまでにわたしをいざない、わたしがはっきり確信しているはずのことまで、わたしから取り去りました。心に御言がないとき、信仰がないときには、こういうことが起るのです。

力と勝利

わたしたちは復活がどのようにして起ったかを聞きました。これから、それがどのように受けいれられるべきかを考えたいと思います。復活は、クリスチャンの全生活に強く印象づけられねばなりません。これこそ、おこないにおける信仰の原動力です。心弱い者は、キリストがすでにすべてをしてくださっているのだということを聞かされる必要があります。そのほかには何をする必要もありません。一方、罪の中にとどまりつづける者は恵みの中にいないのです。あなたが罪から自由であって、罪の奴隷でないのなら、罪をおかすべきではありません。さもないと、あいかわらず罪から自由ではないという証拠を与えることになってしまうでしょう。信仰による義認はキリストの神性に対応し、よきおこないは人間性に対応します。キリストにおいて神性と人間性が合されているように、義認とよきおこないは一つの人格のうちに合わされなければなりません。

〔こうした言葉からよきおこないに頼む傾向が生れないように、ルターはしばしば見かけ倒しの完全性を非難しました。しかしかれがじっさいの罪から罪の意味へといかにすばやく転換するかを見てほしいと思います。一五三一年にかれは次のように書いています。」

信仰をもっているかぎり、あなたがたはキリストに似ていますが、同時に罪と死を感じています。信仰によって、あなたはキリストと一つであり、キリストとともに死からよみがえっています。そのことは最後の日にあきらかになるでしょうが、それまではクリスチャンとほかの人間とは少しも違いません。クリスチャンもほかの人と同様、罪のうちに生活しています。ただクリスチャンは大きな罪をおかしませんし、たとい倒れても、いつまでも倒れたままではいません。しかし偽善者が真のクリスチャンよりよく見えることがしばしばあります。ですから主の祈りのうちには、わたしたちもまたゆるしを必要としているという告白があるのです。

キリストが死なれたとき、太陽は暗くなりました。しかし復活のときには、ほかの奇跡は起りませんでした。これはわたしたちが夜も昼も奇跡のことばかりあれこれ考えて、復活の真の効用を見失わないようにという神の配慮なのかもしれません。キリストは死に際して、使徒たちに何をしてくださったでしょうか？ 使徒たちはキリストが世界の王となりたもうだろうと考えていました。かれがなくなられたとき、かれらは意気消沈し、自分たちも死んでしまったように感じました。このようにして神は、キリストの苦しみが弟子たちにおいて大いなる力をもって働くことを望んでいらっしゃったのです。同様に復活を通じて弟子たちもまた新たにされ、ふたたび生きることをはじめました。そうした新生は、復活以外の何によって起りえたでしょうか？ 受難に死と苦しみ以外の何ものもありえなかっただけに、復活はそれだけ、力に満ちあふれたものでなければならないのです。パウロはいっています。「わたしたちはその死にあずかるバプテスマによって、彼と共に葬られたのである」（ローマ六・四）と。また詩篇の詩人は「われらはあなたのためにひねもす殺されて、ほふられる羊のようにみなされました」（詩篇四四・二二）といっています。なぜ、わたしたちはそのようなことを堪え忍ばねばならないのでしょうか？　それは、わたしたちがキリストにふさわしい者となるためです。

「しかし感謝すべきことには、神はわたしたちの主イエス・キリストによって、わたしたちに勝利を賜わったのである」（Iコリント一五・五七）。これはどういう意味でしょう？　パウロはここですばらしい戦いについて語っているのです。勝利は、キリストを通じてわたしたちにもたらされました。すでに勝利を得ているとすれば、わたしたちも当然戦いに勝つことができるでしょう。悪魔はキリストを滅ぼそうとユダヤ人を煽動しました。かれらは奸計をもってキリストを捕えました。イエスは多くの奇跡をおこないたまいましたが、かれは十字架上においては無力でした。ほかの人をお助けになりましたが、ご自身を助けることはできませんでした。かれらはイエスの言葉をたてにとり、「こいつは自分を神の子と呼んだ」といって嘲りました。民衆も、かれに背を向けました。イエスは、自分はふたたびくると予言していらっしゃいました。それで、かれを葬った墓は厳重に警護され、悪魔は、キリストはまったく滅びてしまったと考えていたのです。ところが神の善は悪魔のたくらみの裏をかきました。いと高き神は、そうしたたくらみを見すごすことがおできになりませんでした。神は悪魔にいわれました。「おまえはわたしに対してありとあらゆる悪をなした。しかしわたしは生きている」。これこそ、神がキリストにおいてお示しになった奇跡だったのです。キリストは永遠の生命です。祝福と義が、呪いと死に対して戦ったのです。かりそめの死は、永遠の生命に対して何の力ももっていません。それは、まるで小さな器の中に海を入れることを試みるようなものです。パウロはキリストが罪を征服されたとはいわずに、死は勝利に呑まれたといっています(Iコリント一五・五五)。

ホセアは、「死よ、わたしはおまえの死となろう」(ホセア書一三・一四)といいました。死の死となるという、この言はすばらしいと思います。この勝利は、パウロがいっているように福音を通じてもたらされます。キリストはこの勝利をご自身のためでなく、わたしたちが救われて万物のあるじとなるようにかちえられたのです。それはまた、わたし自身のためでもありません。すべては、主なる神のためなのです。このことをわたしたちが信じるならば!

キリストが戦いを通じてのみ勝利をかちえたもうたように、わたしたちも戦いを通じて、勝たなければなりません。もしもこの復活がわたしたちのうちに働くなら、わたしたちも死との戦いを避けるわけにはいかないでしょう。神は、老齢がわたしたちに迫ることをおゆるしになりました。復活の信仰がわたしのうちに根を張り、わたし自身に起源をもつものは何一つないということを教え、復活がわたしのうちで働きはじめるなら、罪と悪しき良心はキリストとともに死ぬと、わたしは信じます。けれどもこのことから必然的に、体は死ななくてはならないという結論が生まれるのです。わたしは罪と死がわたしのうちにおいて死ぬのを感じます。体は罪を喜び、死をおそれます。この戦いを、わたしたちは生きているかぎり続けなくてはならないのです。主は、多くの苦しみをもってわたしたちを攻めたまいます。これは戦いであって、わたしたちもまた、「死よ、わたしはおまえの死となろう」といわなくてはなりません。死はわたしを攻めます。しかしわたしは死人のうちからよみがえりたもうキリストをもっています。ですからわたしもよみがえるでしょう。

わたしは、この信仰に依り頼みます。復活は言葉のうちにではなく、生命と力のうちにあります。心はこのことを知って、内なる喜びに満ちあふれるべきです。外面的にはわたしも、キリストが死なれたように死なねばなりません。けれども福音とは、喜びにおどる言葉です。人間の肉は、この言葉を喜んで聞きます。しかしわたしたちがそれを外面的と同様、内面的にも感じるのでなければ、それは何の結果もおよぼさないでしょう。

わたしの羊を養いなさい

復活の後、イエスは弟子たちにあらわれて「わたしの羊を養いなさい」といわれました。ローマ教会では養いとは、キリスト教世界に多くの重い、人間の律法を負わせること、司教の衣を高い値で売ること、すべての聖職禄から納入金を取り立てること、すべての団体を維持すること、司教にいまわしい誓約をさせること、免償符の販売、福音の宣教の禁止、教皇の親書や教書、鉛と蠟の封印で世界を悩ますこと、世界中の管区にロマニストを配置すること、一言でいうなら、人々が真理のもとにきたり、平和に生きることを妨げること——そういったもろもろのことを意味すると解釈されているのです。

愛がなくては、だれもキリストの羊を養うことはできません。教皇政治にそのような愛があるでしょうか？ わたしは、しんらつな、復讐心に燃えた人間として非難されています。けれどもわたしはむしろ、あまりにもわずかなことしかしてこなかったのではないかとおそれているのです。わたしは、貪欲な狼の顎を摑まなければなりません。かれらはたえず聖書を引き裂き、毒し、またゆがめて、キリストのまずしい、みじめな羊たちを腐敗させています。もしもわたしに十分な愛があるならば、わたしは、律法と免償符その他のばかげたものをもって神の言と信仰を何の役にも立たないものにしている教皇とロマニストに対してもっと思いきった行動に出ていたことでしょうに。

キリストはペテロにむかって、「わたしの羊を養いなさい」といわれたのでした。たとえこの命令がペテロだけに与えられていたのだとしても、ペテロだけが羊を養うべきであって、パウロやそのほかの使徒たちは鼠やしらみを養えばよかったのだとはとても思えません。たとえこの命令がペテロだけに与えられたものであったとしても、教皇だけがすべての羊を養えばよいのだとは考えられません。ローマの集会は、ペテロやパウロがローマに到着するに先だって二十五年間も福音を聞かされていました。使徒によって建てられようが、一介の弟子によって建てられようが、教会は教会です。アンテオケとアレクサンドリアは、ローマとならんで重要な教会でした。アンテオケの弟子たちがまずクリスチャンと呼ばれたのです。このことがローマで起っていたなら、ローマはどんなに得意がったでしょう。けれども当時はすべての教会はひとしい意味をもっていました。教皇は、「わたしはペテロに属している」といっています。けれどもパウロはこうした党派的な主張を禁じているのです。もしもカール皇帝がブラバントに知事を置いたのに、この知事が、皇帝がすでにほかの知事を任命しているスペイン、イタリア、ドイツをも支配するにいたったら、それは越権ではないでしょうか？　わたしはヴィッテンベルクの説教師であって、他の教区の羊でなく、ここの羊たちにこそ責任があるのです。

それに羊飼いは、石で打たれた予言者たちの得た褒美以外の何の褒美もなしに羊を養わねばなりません。そうしたことがわたしたちにいま、教皇主義者の手によって起っているのです。過去二十年間に多くの者が絞首刑に処され、投獄され、火で、水で、剣で殺され、国土から、家から追いたてられ、妻子と引きはなされました。それはひとえに、わたしした

ちが自分に託された羊を養ったからでした。

太陽の輝きが昼をつくるように、キリストの輝きはすべて信ずる者の心に流れこみ、同時にすべての者のうちにあります。太陽が一つしかないのに多くの者の目がその光をはっきり見ることができるように、またそれをともにすることができるように、キリストについても同じです。わたしたちはキリストをともにもち、しかもなお、それぞれが自分の心のうちにキリストをもつことができるのです。キリストがきたりたもうとき、かれは一つ信仰を通じてわたしたちを光をもって照らし、支配してくださいます。そのとき虚偽は消え失せ、心は神の御言を、また御業を、正しく見るのです。そのときこそ、新しい世界が、新しい人間が、新しい光が、あらわれるでしょう。

訳者あとがき

『クリスマス・ブック』と同じく、ローランド・H・ベイントン博士の編集によるルターの『イースター・ブック』。『クリスマス・ブック』は一度新書版で出ていますが、『イースター・ブック』はこれが本邦初訳です。

ルターの説教は『クリスマス・ブック』の場合は七つの主題のもとに一貫した記述をなすようにまとめられていましたが、『イースター・ブック』はそれにくらべてずっと断片的です。『クリスマス・ブック』のもととなっている説教については、ヴァイマル版著作集の第二二巻におさめられている、福音書を主題とする説教の目次を参照するように付記されていましたが、『イースター・ブック』の巻末には出典が×巻、×ページ、×行という具合にくわしく記されています。一々書くことはしませんが、一、二、六、九、一〇、一一、一二、一五、一七、一八、二〇、二一、二三、二七、二八、二九、三〇、三二、三四、三六、三七、三八、四一、四五、四六、四七、五四の各巻計二十七冊から少しずつ、あるものは圧縮した形で、あるものは抜粋として集録されていることを書き添えておきます。

論争的な色彩をもつ説教もかなりおさめられていることは「まえがき」に書かれているとおりですが、「人がもっぱらめぐみによって、信仰において救われる」という一事は『イースター・ブック』においても主題であって、それがけっして理屈っぽい議論としてでなく、ルターの聴衆がかれと同じく素朴な心の人々であったことを示すように、ごく平易な言葉で語られていることに注目したいと思います。

一方で教皇および教皇主義者をあのようにはげしく攻撃しているルターが、「わたしたちもキリストにおいて幼な子のようにならなくてはなりません。わたしたち大人がことごとく幼な子のようになるならば、教皇も、わたし自身も、いえ、すべての人が一つ心、一つ思いになることでしょうに」（二〇ページ）というとき、また、「わたしは牧師として霊のむちをもっています」といいきったかれが、「ほかの弟子たちも思い悩み、弱い信仰をもてあましていましたが、主はかれらをさしおいてこの二人を助けにこられたのでした。二人が不信という危険な状態にありましたので、イエスは二人とともに道を歩まれました。ほかに何もなさることがないかのように、ひたすらともに歩まれました」（一一四ページ）と語るとき、わたしたちはルターの心のこまやかさに触れるような気がします。

聖句は日本聖書協会訳によりましたが、一二二ページのホセア書一三・一四だけはルターの言葉を生かしました。「神は老齢がわたしたちに迫ることをおゆるしになりました」というこのくだり、戦いの人ルターもこの説教をしたときにはすでに老境に入っていたのではないでしょうか。しかしルターはくりかえします。「死よ、わたしはおまえの死となろう」と。

ルター生誕五百年を期して出版されたこの本、『クリスマス・ブック』とともに愛読されますように。

一九八三年十月

中村妙子

訳者紹介

中村妙子（なかむら・たえこ）

1923年生まれ。東京大学文学部西洋史学科卒業。翻訳家。著書に『アガサ・クリスティーの真実』『鏡の中のクリスティー』『三本の苗木』（共著）など。クリスティ、C・S・ルイス、アン・リンドバーク、ロザムンド・ピルチャーらの多数の翻訳を手がけている。

イースター・ブック

改革者の言葉と木版画で読むキリストの生涯

●

1983年11月15日　第1版第1刷発行
2017年 3 月31日　第1版第3刷発行

著　者……マルティン・ルター
編　者……ローランド・H・ベイントン
訳　者……中村妙子

発行者……小林　望
発行所……株式会社新教出版社
〒162-0814 東京都新宿区新小川町 9-1
電話（代表）03 (3260) 6148
振替 00180-1-9991

印刷・製本……モリモト印刷株式会社

ISBN 978-4-400-52782-4 C1016